IPA
Information-technology Promotion Agency, Japan

独立行政法人
情報処理推進機構

情報セキュリティ読本

六訂版

Introduction to
IT Security
Risk Management

**Information
Security
Reader**

IT時代の危機管理入門

実教出版

本書に記載されている会社名，商品名は，各社の登録商標または商標です。
本文中には™マーク，®マークは明記していません。

はじめに

　1993 年，日本で初めて，商用プロバイダによってインターネットへの接続が個人に提供されました。それ以降，パソコンの普及と IT インフラの整備を経て，誰もがインターネットを利用できるようになりました。利用形態も，電子メールの交換や Web ページの閲覧といった基本的なものから，音楽・動画配信，ネットショッピング，宿泊先やチケットの予約，インターネットバンキングなど，あらゆる分野に及んでいます。使用する機器も，パソコン，携帯電話，スマートフォン，情報家電など多様化しています。

　私たちの生活は，IT（情報技術）や情報通信の発展のおかげで飛躍的に便利になりました。いまや IT は，産業や政府活動，そして私たちの日々の暮らしを支える重要な社会基盤です。

　しかし，一方で，IT 基盤を脅かす脅威が存在することも事実です。IT に依存すればするほど，IT に対する脅威はただちに，私たちの経済活動や社会生活そのものへの脅威に転化します。高度情報化社会の恩恵を享受するために，情報セキュリティへの取り組みが強く求められる所以です。

　情報セキュリティは，国や政府の力だけで実現できるものではありません。企業や個人など，インターネットを利用するひとりひとりが，情報セキュリティの確保のために真剣な取り組みを行う必要があります。

　本書は，コンピュータやネットワークを使用するユーザの方を対象に，情報セキュリティについての基本をわかりやすく説明したものです。

　また，企業の経営者や組織の運営に携わる方々が，経営資産を防護する一環として，あるいは社会基盤の一部を担う立場として，情報セキュリティをどのように考慮すべきかについても触れています。

　本書は，技術的な事柄の細部にはあまりこだわらず，気軽に読んでいくうちに情報セキュリティの全体像が把握できるように工夫してあります。冒頭から通読されても，目次を見て，興味のあるページから読まれてもよいと思います。

　巻末には用語集を掲載しましたので，必要に応じてご活用ください。

　本書が，皆様のセキュリティの理解に少しでもお役に立つことを願っております。

2022 年 9 月

独立行政法人 情報処理推進機構（IPA）　セキュリティセンター

Contents
[目次]

Information
Security
Reader

1章

Chapter

Information Security Reader

今日のセキュリティリスク

　ITインフラの整備とインターネットの普及により，私たちの生活は大きく変化しました。ほんの数年前までは想像の世界でしかなかったものが，技術の進化に伴い，次々と実現されています。

　しかし，利便性が飛躍的に高まる一方で，新しい技術を悪用する行為もあとを断ちません。個人情報や機密情報の漏えい，ウイルスなどの不正プログラムによる被害は，社会基盤や生活環境を脅かす要因となりつつあります。

　この章では，ITやインターネットを使用していく上で見落としてはならないリスクについて考えていきます。

1 ●情報セキュリティにおける被害事例

インターネットによって利便性が飛躍的に向上する裏で，これを悪用する行為が急増しています。ユーザのパソコンを自由に操る**ボット**[→p.139]，本物そっくりの偽サイトに誘導しクレジットカード情報などを盗み取る**フィッシング詐欺**[→p.138]，ユーザの好奇心に付け込んで不正な請求を行う**ワンクリック請求**[→p.141]など，手口が多様化かつ巧妙化しています。そして，最近では，経済的利得を目的とした攻撃や犯罪が増加する傾向にあります。

このような被害を未然に防ぎ，情報技術の健全な発展を期するためにも，個々のユーザがさまざまなケースを認識し，情報セキュリティに配慮することが不可欠です。ここでは，情報セキュリティにおける被害について，典型的な実例をいくつか紹介します。

① 実例 1：狙われる Web サイト ─ 正規の Web サイトでも要注意

Web サイトが攻撃を受け，改ざんされるという被害が相次いで発生しています。悪意のある者によって改ざんされた Web サイトには，不正な Web サイトへ誘導する仕掛けが埋め込まれ，その Web サイトを訪れたユーザが脆弱性対策やウイルス対策をきちんと行っていないと，気づかないうちに不正プログラム（偽セキュリティソフトなど）をダウンロードさせられるなど，Web サイトの被害にとどまらず，ユーザにまで被害が拡大するケースが起きています。

このように，ユーザは悪意のある Web サイトだけに気を付けていればよいわけではなく，正規の Web サイトが外観上正常なページとなんら変わらないように罠が仕掛けられるため，決して大手の Web サイトだから，あるいは正規の Web サイトだから安全，とはいい切れないのが最近の傾向です。

悪意のある者は，脆弱性のある Web サイトをターゲットに，攻撃ツールを利用して改ざんを仕掛けてきます。そのため，攻撃の対象となる Web サイトは大手，中小企業を問いません。Web サイトを運営している企業・組織は，攻撃を受けることが当たり前の状況であると認識し，不正アクセス対策を実施することが大切です。

② 実例2：巧妙化するフィッシング詐欺 — うっかりしてると騙される?

　正規の金融機関などを装った偽の Web サイトにユーザを誘導し，名前，住所などの個人情報や，口座番号，クレジットカード番号，暗証番号などの機密情報を盗み取る不正行為をフィッシング詐欺と呼びます。不正に入手した情報は，インターネットバンキングや EC サイトで金品を盗み取るなど，不正行為に使用されます。フィッシング詐欺は，米国では 2003 年夏頃から社会問題化し，日本でも 2004 年頃から確認されています。

　スマートフォンの普及に伴い，フィッシング詐欺はパソコンのみならずスマートフォンを狙ったものも確認されるようになりました。そして，フィッシングサイトへの誘導は，メールのみならず SMS などさまざまな経路で届くようになってきています。メール文面は，宅配便配達の不在通知や携帯電話の料金未払い通知を装うなど，より自然な感じになり，騙されやすくなってきていますので，注意が必要です。

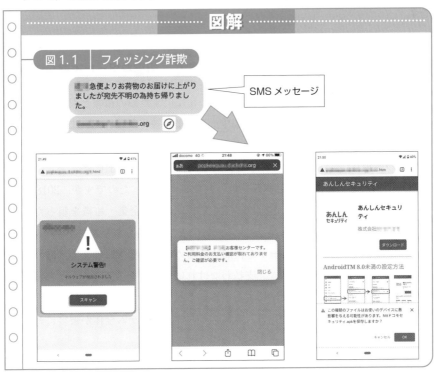

図解

図 1.1　フィッシング詐欺

1　情報セキュリティにおける被害事例　**3**

1　今日のセキュリティリスク

③ 実例3：増加するビジネスメール詐欺の被害 ─年々被害額が増加

　米国連邦捜査局インターネット犯罪苦情センターの年次報告書によると，ビジネスメール詐欺の被害総額は年々増加し続けており，2016年は約3億6,100万ドル，2017年は約6億7,600万ドル，2018年は約12億9,800万ドル，2019年は約17億7,700万ドル，2020年は約18億6,700万ドル，2021年は約23億9,600万ドルとなっています。

　国内企業に関連する被害額の大きな事例としては，2019年8月に大手自動車部品メーカーの欧州子会社で攻撃者による虚偽の指示により約40億円の資金が流出した事例や，2019年9月に大手新聞社の米国の子会社で経営幹部を装った攻撃者による虚偽の指示に基づいて約2900万ドル(約32億円)が流出した事例が挙げられます。

　金銭被害に遭った企業は，特別損失を計上するなど経営への影響が少なくありません。被害防止のためには，送金時のチェック体制強化などの対策が重要です。

④ 実例4：ランサムウェアによる被害 ─組織を狙った攻撃が増加

　パソコン内のファイルを勝手に暗号化し，元に戻すための情報と引き換えに金銭を要求するウイルスであるランサムウェア(→p.140)による被害が続いています。中でも脆弱性を悪用し組織内ネットワークを介して蔓延するタイプ(WannaCry(→p.132)およびその亜種)は，2017年に世界中で甚大な被害をもたらしました。

　従来は個人を含めた不特定多数を狙った攻撃が多かったのですが，2018年～2019年頃から大きく手口が変化し，図1.2のような企業・組織を狙った新たなランサムウェア攻撃(侵入型ランサムウェア攻撃)が多くなりました。ランサムウェアにより暗号化したデータを復旧するための金銭要求に加えて，暗号化する前にデータを窃取しておき，支払わなければデータを公開するなどと脅迫する二重の脅迫と呼ばれる攻撃による被害が多数発生しています。標的型サイバー攻撃と同等の技術が駆使され，大量のデータやシステム全体が被害に遭い，事業継続が脅かされる可能性があるため注意が必要です。

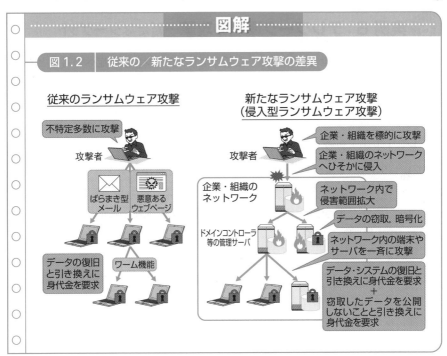

図解

図1.2 | 従来の／新たなランサムウェア攻撃の差異

⑤ 実例5：犯罪に使われるインターネット─共犯者募集

　2020年12月，オンラインゲームのゲーム内通貨を他人のアカウントを用いて不正に購入したとして，不正アクセス禁止法違反，電子計算機使用詐欺の容疑で男子学生が逮捕されました。容疑者はSNSを通じて知り合った中学生らを不正購入の実行役として雇い，不正アクセス行為を行っていました。これ以外にも，殺人の依頼，強盗や窃盗の共犯募集など，携帯サイトやインターネットの掲示板が，犯罪のために悪用された例は数多くあります。

　また，いわゆる出会い系サイトやインターネット上で他人と交流することができるサービスでは，相手の素性がわかりにくいということもあり，女性や未成年者が犯罪に巻き込まれて被害に遭ってしまうケースが発生しています。

　このように，最近はインターネットの特性を利用し，本来は有効な目的に使用されるはずの掲示板や交流サイトが，犯罪などに悪用されるケースが目立っています。

⑥ 実例 6：テレワーク環境の攻撃 — 新たなターゲット

　2019 年の年末から世界的に流行した新型コロナウイルス感染症への対策として，多くの企業や組織で出社せずに業務を遂行する新たな働き方として，テレワーク（p. 78）が加速度的に普及しました。

　この新たな働き方であるテレワークが一般化した一方で，テレワーク環境をターゲットとする攻撃も確認されています。

　2021 年 9 月，VPN 機器のパスワードなどの情報がインターネット上に87,000 台以上公開されるという事象が発生しました。これは，2019 年 5 月に修正ファイルが公開された VPN 機器の脆弱性が悪用され，修正ファイルが未適用の VPN 機器が攻撃を受け，パスワードなどの情報が盗み出されたと考えられています。

　VPN 機器のパスワードが盗まれると，組織内のネットワークに不正に接続されてしまう可能性があります。組織内のネットワークに接続されることで組織内部に侵入され，重要な機密情報や個人情報が盗み出されてしまい，大きな損害を被ります。

　安全なテレワーク環境を維持するためにも，ハードウェア機器を含め，使用している IT 製品を最新の状態で使用するなど，適切に管理を行うことが重要となってきます。

2—•危険の認識と対策

　いくつかの実例を紹介しましたが，どのような危険があるのかをここでまとめておきましょう。

① インターネットに潜む危険

　インターネットの利用では，次のような被害に遭う可能性があります。

■■■ Webページを閲覧しただけで不正なプログラムに感染してしまう ■■■

　Web サーバ自体がウイルスに感染していたり，悪意のある者によって Web ページにウイルス_{→p.133}やスパイウェア_{→p.135}などの不正なプログラムが仕込まれているケースです。ブラウザの設定が勝手に変更されてしまうこともあります。詳しくは，「ネットサーフィンの危険性とその対策」(p.40)で説明します。

■■■ リンクをクリックしただけで不正な請求をされる，個人情報が盗まれる ■■■

　ワンクリック請求の典型的な例です。また，悪意のある者がクロスサイトスクリプティング攻撃_{→p.134}を仕掛けていると，クリックしたユーザの Cookie_{→p.129} が盗まれることにより，なりすましなどの被害に遭います。詳しくは，「ワンクリック請求への対策」(p.56)，「クロスサイトスクリプティング攻撃」(p.90)で説明します。

■■■ 不正なプログラムを誤ってダウンロードしてしまう ■■■

　Web サイトに置かれている一見役に立ちそうなプログラムが，実は不正なプログラム(ウイルス，スパイウェアなど)だったというケースがあります。

② メールに潜む危険

　電子メールを利用する際は，次のような被害に遭う可能性があります。

■■■ スパムメール ■■■

　宣伝や勧誘目的で大量に送られてくる迷惑なメールです。現状では根本的な対策はありませんが，スパムフィルタを利用する，スパムメールは開かずにすぐに削除する，などの方法で対処します。また，掲示板やブログなどの不特定多数の人に公開される場所には，メールアドレスを書き込まないようにします。

■■■ ウイルスへの感染

メールの添付ファイルや本文中の URL リンクから，ウイルスに感染させられてしまうことがあります。不審なメールには注意が必要です。

■■■ フィッシングメール

メールを使ったフィッシングサイトへの誘導が増えています。不審なメールの本文中にあるリンクは絶対にクリックしない，個人情報の入力は必要最小限にとどめる，という心がけが大切です。詳しくは，「フィッシング詐欺への対策」(p. 52) で説明します。

■■■ ビジネスメール詐欺

巧妙な騙しの手口を駆使した偽のメールが企業・組織に送り付けられ，従業員が騙されて送金取引に関わる資金を詐取されるなどの被害が発生しています。被害防止のためには，送金時のチェック体制強化などの対策が重要です。

③ 日常業務に潜む危険

意外に見落としがちなのが，企業や組織で日常行われている業務に潜む危険です。外出や出張時に資料を持ち出す，不要になった書類を廃棄する，歓談時に仕事の話をする，といった何気ない行為が，情報漏えいの原因となることがあります。詳しくは，「情報漏えいの経路と原因」(p. 75) で説明します。

近年では，テレワークの普及が進み，自宅や外出先で業務を行う機会が増えています。これに伴い，業務を行う環境や周囲に対する注意が必要になります。具体的には，自宅で使用しているルータなど，ネットワーク機器のファームウェアを最新の状態に保つ更新管理，業務を行う端末に対するのぞき見への対策，業務を行うために持ち出している資料の管理，業務中のリモート会議や電話で話すときの音量や周囲に人がいないことの確認など，今までとは異なる観点での注意が必要です。

④ 危険への対処法

これまでの説明では，「恐ろしいことばかり」と思われたかもしれません。もう，インターネットは安心して利用できないのでしょうか。決してそうではありません。

情報セキュリティを正しく理解し，適切な対策を行い，常に意識して行動す

れば，このような被害は防ぐことができます。そのためには，本書の内容に沿って，次のように情報セキュリティに取り組むとよいでしょう。

情報セキュリティの基本を知ろう

まず最初に，情報セキュリティとは何だろう，どのようなセキュリティリスクがあるのだろう，という点を知ることにより，全体を見通すことができます。詳しくは，「第2章 情報セキュリティの基礎」(p.11)で説明します。

ウイルスなどの不正プログラム(マルウェア)について理解しよう

ウイルスはまだまだ猛威を振るっています。急増しているスパイウェアやボットも，ユーザを悩ます大きな問題です。これらの不正なプログラムを知り，対策を理解することで大きな安心を得られます。詳しくは，「第3章 見えない脅威とその対策」(p.25)で説明します。

実際のセキュリティ対策を施そう

ユーザ個人として，あるいは企業内の一員として，それぞれ守るべき規範があります。効果的なセキュリティ対策を学びましょう。詳しくは，「第3章 見えない脅威とその対策」(p.25)「第4章 組織の一員としての情報セキュリティ対策」(p.65)で説明します。

情報セキュリティに使われている技術を理解しよう

セキュリティ対策を施すとき，その背景にどのような技術が使われているかを知ると，理解がよりいっそう深まります。詳しくは，「第5章 もっと知りたいセキュリティ技術」(p.81)で説明します。

法律について認識しよう

2017年5月に改正個人情報保護法が施行され，情報セキュリティ関連の法規も次第に整備されつつあります。知らずに違法行為をはたらいていた，などということがないよう，法律についても認識しておきましょう。詳しくは，「第6章 情報セキュリティ関連の法規と制度」(p.111)で説明します。

　セキュリティについて語られるとき，「ハッカー」とか「クラッカー」ということばがよく聞かれます。では，この2つのことばに区別はあるのでしょうか？

　ハッカーとクラッカーは同じような意味で使われることが多いのですが，もともと，「ハッカー」という用語に悪い意味はなく，むしろコンピュータに関する高い技術を持った人々を尊敬する呼び名でした。これに対して，悪意を持ってコンピュータへ侵入する者は，「クラッカー」（破壊者)と呼ばれていました。コンピュータ技術を悪用して，勝手に他人のコンピュータやネットワークに侵入してデータを盗んだり，システムを破壊したり悪事を働く者たちのことをクラッカーといいます。また，これらの悪事を総称して不正アクセスといいます。本書では，技術を悪用してコンピュータやネットワークに侵入する者を「クラッカー」と呼ぶこととします。近年は，正しい意味の「ハッカー」を「ホワイトハッカー」，「クラッカー」を「ブラックハッカー」と呼ぶこともあります。

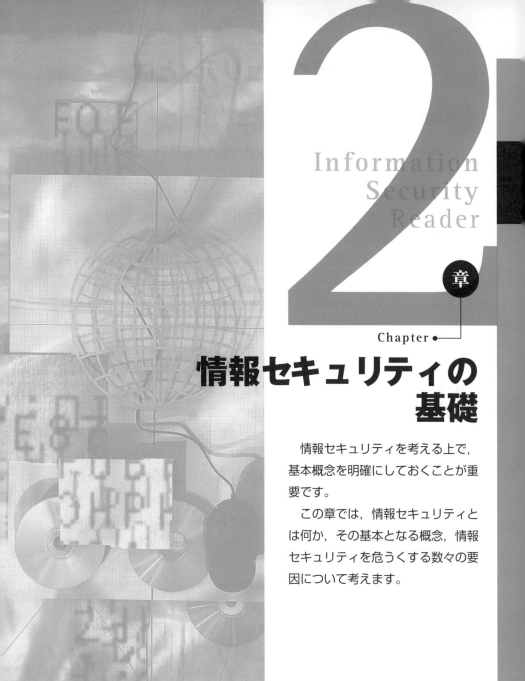

情報セキュリティの
基礎

情報セキュリティを考える上で，基本概念を明確にしておくことが重要です。

この章では，情報セキュリティとは何か，その基本となる概念，情報セキュリティを危うくする数々の要因について考えます。

1 ー•情報セキュリティとは

① 情報セキュリティの基本概念

情報セキュリティとは,「正当な権利を持つ個人や組織が, 情報や情報システムを意図通りに制御できること」であり, 情報セキュリティマネジメントシステムの国際標準である ISO/IEC 27002(p. 112 参照)には,「情報の機密性, 完全性, および可用性を維持すること」と定義されています。

■ 機密性

許可された者だけが情報にアクセスできるようにすることです。情報の漏えいを防ぐことで確保されます。たとえば, ID やパスワードの設定などによって, 組織外の者が組織内の情報へアクセスできないようにする, あるいは, 機密情報については, 組織内の者であっても限られた者だけにしかアクセスできないようにすることです。

最近は, 個人情報の漏えいが大きな問題になっていますが, 権限のない者に情報が渡ることで, さまざまな問題が発生します。

■ 完全性

情報や情報の処理方法が, 正確で完全であるようにすることです。たとえば, 不正アクセスにより Web ページの情報が改ざんされたり, 情報システムが勝手に変更されたりすることのないよう, 適切な保護を行い, 決められた取り扱い手順を守ることにより確保されます。

情報が, 権限のない者によって勝手に変更されたり, 削除されたり, 破壊されたりすると, 情報の完全性が損なわれ, ひいては, 情報の正当性や情報そのものの価値が失われます。

■ 可用性

許可された者が, 必要な時に情報や情報資産にアクセスできることを確実にすることです。コンピュータのウイルス感染や自然災害によるシステムダウンなどで情報が使えなくなる, などといったことを防ぐことで確保されます。

たとえば, 役所や銀行の窓口業務が止まると, 大きな社会的混乱を引き起こすことになるでしょう。情報システムが必要なときに使えないのは, 社会問題に発展することがあるのです。

② 情報資産とリスク，インシデント

情報資産

　資産には，不動産や商品など，目に見える資産もあれば，財務情報，人事情報，顧客情報，戦略情報，技術情報などの目に見えない資産もあります。これらを情報資産[→p.135]といいます。個人および組織には多くの情報資産が蓄えられており，それらは，ハードウェア，ソフトウェア，ネットワーク，データ，ノウハウなど，さまざまな形態をとります。IT の普及に伴い，情報の価値は非常に高くなっています。

リスクとインシデント

　リスク[→p.140]（risk）とは，情報資産を脅かす内外の要因（脅威）によって情報資産が損なわれる可能性をいいます。これに対し，実際に情報資産が損なわれるリスクが顕在化した事態をインシデント[→p.133]（incident）と呼びます。

　大切な情報の損失は，企業にとっても個人にとっても大きなダメージをもたらします。企業の場合はその存続を脅かす場合もあり，情報資産を守るための方策は，企業経営にとって必要不可欠です。

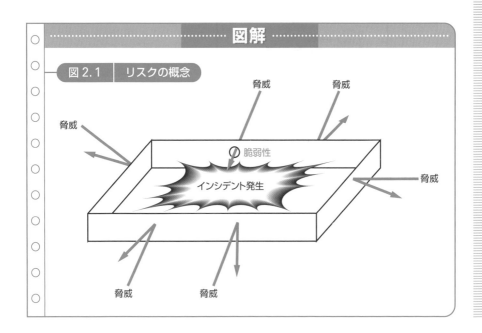

図解

図 2.1　リスクの概念

脅威　脅威　脅威　脅威

脆弱性

インシデント発生

脅威　脅威

■■■■ リスクの要因

　では，リスクをもたらす要因は何でしょうか。すぐに思い浮かぶのは，組織の外部からの加害です。具体的には，ウイルス感染やシステムに侵入する行為がこれにあたります。このように，情報資産に危害を与える原因となるものを脅威といいます。

　しかし，見逃してはならないのが，組織に内在している要因です。たとえば，社内で使用しているシステムにソフトウェアの脆弱性があればどうなるでしょうか。そこが原因となって，セキュリティ事故を招く可能性があります。

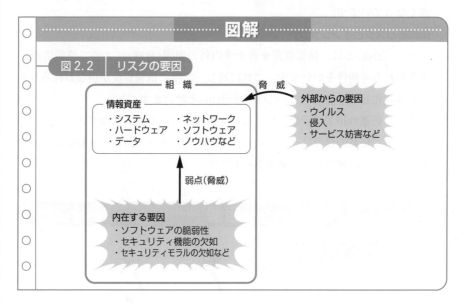

図解

図2.2　リスクの要因

組　織　　　　　　脅　威

情報資産
・システム　　・ネットワーク
・ハードウェア　・ソフトウェア
・データ　　　　・ノウハウなど

外部からの要因
・ウイルス
・侵入
・サービス妨害など

弱点(脅威)

内在する要因
・ソフトウェアの脆弱性
・セキュリティ機能の欠如
・セキュリティモラルの欠如など

　また，そもそも組織内に何らセキュリティについての備えがない，という状況も考えられます。たとえば社内のデータベースにどの社員でもアクセスできるとしたらどうなるでしょうか。顧客データの漏えいなど大きな被害につながったとしても，不思議ではありません。情報漏えいや不正アクセスに関する調査によると，外部より，内部の原因によるセキュリティ事故の方がはるかに多いというデータもあります。

　このように，内部と外部の2つの側面からのリスク要因を個別に検討することが，情報セキュリティを考慮する第一歩といえるでしょう。

2—•外部のリスク要因

① マルウェア

　ウイルス，ワーム，トロイの木馬などの悪意のあるプログラム（これらを総称してマルウェアといいます）による被害は，依然として多数報告されています。これまで多くのマルウェアが世に出回り，ネットや社会に大きな影響を与えてきました。マルウェアに感染してしまうと，情報の盗み出しや攻撃メールの送付，ファイルの暗号化などさまざまな被害を受ける可能性があります。近年では，Emotet や WannaCry などのマルウェアが世間を騒がせました。

　Emotet は，情報の窃取に加え，さらにほかのマルウェアへの感染のために悪用されるマルウェアであり，悪意のある者によって，不正なメール（攻撃メール）に添付されるなどで，感染が拡大しました。その結果，多くの企業が情報漏えいなどの被害を受けました。

　WannaCry は，ネットワーク経由で複数のコンピュータに感染が広がるランサムウェアであり，感染してしまうとコンピュータ内のファイルが暗号化され，コンピュータが使用できなくなってしまいます。国内だけでなく世界各国で被害が確認され，英国では医療機関において業務に支障が出るなどの深刻な影響が発生しました。

　マルウェアの国内の被害状況については，独立行政法人情報処理推進機構（IPA）セキュリティセンターのウイルスの届出事例も参照してください。

参考）
（IPA）コンピュータウイルスおよび不正アクセスの届出状況
https://www.ipa.go.jp/security/todokede/crack-virus/about.html

② 外部からの侵入（不正アクセス）

　インターネット上の不正アクセス→p.138は，システムの脆弱性を突いたり，他人のID・パスワードの不正利用により行われたりするのが一般的です。また，侵入された場合，さまざまな不正行為が実行されてしまいます。

侵入行為の段階

　本書では侵入行為を，事前調査，権限取得，不正実行，後処理の4つの段階に分類します。マルウェアにはこれらの各段階の攻撃用ツールがパッケージ化されていることが多く，感染と不正侵入行為を同時に行います。事前調査，権限取得，不正実行，後処理の各段階の不正行為については，「第5章 もっと知りたいセキュリティ技術」(p.81)で説明します。

不正行為の種類

　それでは，不正侵入された場合，どのような不正行為が実行されるのでしょうか？　不正行為は，盗聴・情報窃取，改ざん，なりすまし，破壊，コンピュータの不正使用，不正プログラム(マルウェア)の埋め込み，踏み台など，多岐にわたります。

　特に，機密情報などを盗み取る盗聴・情報窃取，Webページや取引情報などのデータを書き換えてしまう改ざん，まったく無関係の個人を装い不正行為に及ぶなりすましは，ニュースなどでもよく見ることがあります。

　不正行為の主なものをまとめると表2.1のようになります。

表2.1　不正行為の種類

不正行為	内　容
盗聴・情報窃取	ネットワークを流れるデータや保存されているデータの不正入手。 (例)・パスワードの盗用 　　　・個人データ(メール，アカウント情報)の盗み見 　　　・企業データの漏えい
改ざん	データの書き換え。 (例)・Webページの改ざん 　　　・設定の書き換え 　　　・ユーザの意思に反するファイルの暗号化
なりすまし	別の個人を装い，本人のふりをしたさまざまな行為。 (例)・ID，パスワードを盗み出し，正当なユーザに見せかけて侵入 　　　・他人のクレジットカード番号によるショッピング
破壊	データやプログラムの削除，ハードディスク(磁気記録)の初期化など。
コンピュータの不正使用	コンピュータの不正使用。 (例)・遠隔地からのコンピュータの操作 　　　・ユーザの意図しない暗号資産採掘への加担
不正プログラム(マルウェア)の埋め込み	ユーザの知らない間に情報を入手して外部へ送信したり，ファイルを破壊したりするなどの不正プログラム(マルウェア)の埋め込み。

踏み台	不正アクセスを行う際の中継地点として他人のコンピュータを使用。踏み台に利用されたコンピュータは，所有者の意図に反し，本人の知らない間に攻撃に加担させられる。 (例)・DoS 攻撃や DDoS 攻撃に利用される 　　・スパムメール(迷惑メール)，ウイルスメールの送信

③ サーバへの攻撃（サービス妨害）

　インターネットや社内の LAN では，メールサービスや Web サービスなどのさまざまなサービスが利用されています。このサービスを提供するコンピュータがサーバ →p.134 です。たとえば，メールサーバはメールの集配を行い，Web サーバはユーザのブラウザからのリクエストに応じてコンテンツを提供しています。

　このように，サーバは多くのユーザによって利用されているため，サーバへの攻撃は，より大きな被害をもたらします。この点が，クラッカーたちの狙い目になります。また，サーバにはユーザ情報など貴重なデータが保管されているため，この点からも攻撃のターゲットとされやすいのです。

　サーバへの攻撃には，前ページまでで紹介した不正侵入のほかに，DDoS →p.129 攻撃などがあります。

■■■ DDoS 攻撃(Distributed DoS：分散 DoS 攻撃) ■■■■

　サーバに大量のデータを送って過大な負荷をかけ，サーバのパフォーマンスを極端に低下させたり，サーバを機能停止に追い込んだりする攻撃を DoS 攻撃(Denial of Service Attack：サービス妨害攻撃) →p.130 と呼びます。特に，世界中に散らばった非常に多くの端末からいっせいに仕掛ける攻撃のことを，DDoS 攻撃と呼びます。DDoS 攻撃では以下のような手口が使われます。

■ボットネットワークの悪用

　大量のコンピュータをウイルスに感染させ，それらを攻撃者の指令サーバから操り，いっせいに攻撃を仕掛ける手口。パソコンのみならず，IoT 機器(Web カメラや家庭用ルータなど)やスマートフォンから攻撃を仕掛ける手口もある。

■リフレクター攻撃

　送信元を標的組織のサーバだと偽って，脆弱な多数のルータや DNS サーバに通信を送り，応答結果を標的組織に送り付けて負荷をかける手口。

■DNS 水責め攻撃

　ボットネットワークなどで，標的組織のランダムなサブドメインへ問い合わせ，標的組織ドメイン名の権威 DNS サーバに大きな負荷をかける攻撃。

　単にサービス妨害をするだけでなく，DDoS 攻撃を行わず，攻撃を行うと脅して金銭を要求する事件も起こっています。

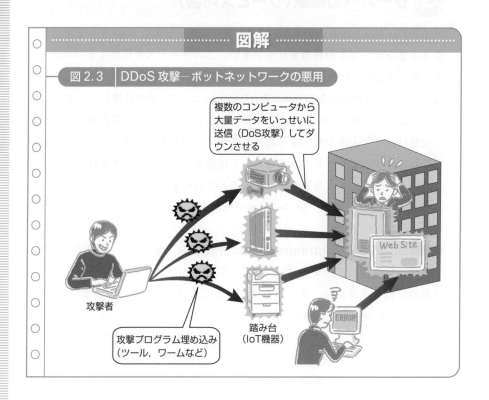

図解

図 2.3　DDoS 攻撃—ボットネットワークの悪用

複数のコンピュータから大量データをいっせいに送信（DoS攻撃）してダウンさせる

攻撃者

攻撃プログラム埋め込み（ツール，ワームなど）

踏み台（IoT機器）

Web Site

ERROR

3→●内部のリスク要因

① 情報システムの脆弱性

　セキュリティを脅かす要因は，情報システム→p.135を構成するコンピュータやソフトウェア自体にも存在しています。コンピュータやソフトウェアにセキュリティ上の弱点があると，その弱点を悪用した攻撃を受けてしまいます。このセキュリティ上の弱点を脆弱性（ぜいじゃくせい→p.135）と呼びます。また，セキュリティホール→p.135と呼ぶこともあります。

■■■ OSの脆弱性

　情報システムを構成する最も基本的なソフトウェアのことをオペレーティングシステム（OS）といいます。現在，コンピュータにおいては Windows，Linux，Mac OS などが，スマートフォンにおいては iOS や Android などさまざまな OS が利用されています。この OS にも脆弱性が存在しています。OS は最も基本的なソフトウェアであるため，脆弱性による影響が広範囲に及ぶ可能性があります。

　たとえば，2017年3月に公表されたセキュリティ更新プログラム（MS17-010）は Microsoft Windows SMB サーバに関する脆弱性に対応するもので，Windows でファイルやプリンタの共有を行うために利用されるサービスに問題がありました。この脆弱性がある SMB サーバ上に細工されたファイルをダウンロードし，実行することが可能なため，遠隔の攻撃者によって任意のコードを実行されてしまう危険性があったのです。

　この脆弱性を悪用する攻撃ツール Eternal Blue が米国の国家安全保障局（NSA）からクラッカー集団によって盗み出されました。これにより，この攻撃ツールを利用したランサムウェア WannaCry→p.132 が出現し，日本国内を含め世界各国でコンピュータ上のファイルが暗号化されてしまう被害が確認されました。海外においては，医療機関の業務が停止するといった影響がありました。

■■■ ソフトウェアの脆弱性

　コンピュータは，Web ブラウザやメールソフト，動画再生プレーヤー，Web 会議ツールといったソフトウェアをインストールして使うことが一般的です。

また近年ではテレワークで利用するクライアントツールをインストールすることもあり，これらのソフトウェアにも脆弱性が存在している場合があります。

たとえば，音楽や動画を再生するソフトウェアである Adobe Flash Player に脆弱性が見つかり，Adobe Flash Player を利用する Web ページ上の広告が攻撃者により細工された広告に置き換えられ，その Web ページにアクセスするだけで脆弱性を悪用されウイルスに感染する，といった攻撃が発生しました。

ほかにも，PDF ファイルを閲覧するためのソフトウェアである Adobe Acrobat Reader や Java を実行するためのソフトウェアである JRE(Java Runtime Environment)にも脆弱性が見つかりました。このようなソフトウェアは，Web ページを閲覧する際に利用されることから，簡単に悪用される脆弱性となり得ます。

Web アプリケーションの脆弱性

Web ページには，ユーザからの入力を受け付け，その内容に応じてコンテンツを表示するものがあります。これは，ユーザからの入力を Web サーバに送り，サーバで処理を行ってから，結果をユーザのブラウザに戻し，表示するという仕組みを使っています。

サーバ側で処理を行うのは，Web アプリケーションと呼ばれるプログラムで，
PHP，JavaScript，ASP.net といった言語で作成されています。たとえば，
→p.131　　　→p.130　　→p.129
PHP に脆弱性が見つかった場合，PHP で作成された Web アプリケーションにも脆弱性が組み込まれることになります。悪用された場合，サーバ上の非公開ファイルを入手されたり，悪意のあるプログラムを実行されるなどの被害を受けてしまいます。

Web サイトのコンテンツを管理するシステムを CMS(Content Management System)と呼びます。CMS は，コンテンツの作成，更新，管理が容易となるメ
→p.134
リットがある一方，CMS やそのプラグイン(CMS に追加可能なサードパーティのプログラム)に存在する脆弱性を悪用され，Web サイトを改ざんされてしまうといった事例もあります。

ルータや IoT 機器の脆弱性

近年，スマートフォンやタブレット端末といった携帯機器が急速に普及しました。外出先でも携帯機器からインターネットにアクセスするために，ルータを携行，利用する人も少なくありません。また，テレビやエアコン，掃除機と

いった家電製品においても，インターネットと接続する機能を有する製品が増えています。これらの製品はIoT機器と呼ばれ，近年急速に普及しています。

　2016年10月には，Miraiと呼ばれるウイルスが蔓延しました。このウイルスはおもにルータ製品やIoT機器の脆弱性を標的にしていました。これらの機器がインターネットからアクセスされてMiraiに感染し，DDoS攻撃の踏み台にされてしまうといった被害が発生しました。

　そのほか，テレワークで利用されるVPNなどの機器にも脆弱性が見つかり，パスワードなどの情報が盗まれるといった被害も発生しています。

　また，インターネットに接続した家電製品が外部からアクセスされることで不正に操作されるといった身近な脅威も実際に発生しています。IoT機器とそれを活用したシステムのセキュリティについては，2016年7月に総務省と経済産業省が「IoTセキュリティガイドライン ver.1.0」を公表しています。

脆弱性を悪用する攻撃

　脆弱性を悪用する攻撃のうち，多くのWebサイト運営者に影響するものとして，Webアプリケーションのフレームワークに存在する脆弱性があり，特に被害が大きくなる脆弱性としては，フレームワークだけでなくアプリケーション自身に存在するSQLインジェクション攻撃^{→p.132}があります。脆弱性を悪用する攻撃については，「第5章　もっと知りたいセキュリティ技術」（p.81）で説明します。

参考)
(IPA)安全なウェブサイトの作り方
https://www.ipa.go.jp/security/vuln/websecurity/about.html

② 組織に内在する脆弱性

　これまで，情報システムの脆弱性について説明してきましたが，実は，情報漏えいの原因は，紛失・置き忘れ，誤操作，管理ミスが6割を占め，不正アクセスなどの外部からの攻撃を上回っています(JNSA「2018年情報セキュリティインシデントに関する調査報告書〜個人情報漏えい編〜」より)。つまり，外部の脅威より，組織体制の不備，管理・運用不備などの内部要因による情報漏えいが多いのです。ここで，実際にあった事故事例をみてみましょう。

■紛失・盗難

・職員が私物の記憶媒体に顧客の個人情報を複写し，持ち出した。記憶媒体は盗難に遭い情報流出した。記憶媒体の持ち込みや，情報の持ち出しを禁止するルールはあったが守られていなかった。

・駐車場に駐車中の車内から，顧客情報の入ったバッグを盗まれた。

■誤公開，誤送信

・報道資料を公開する際，報道資料と誤って個人情報記載のファイルを公開してしまった。

・送るべきではない人に，誤って機密のファイルをメールで送ってしまった。

・グループウェアを利用する際に，ファイル共有設定を初期設定のまま放置し，アクセスが自由にできてしまった。

■内部犯行

・受託した約863万件の個人情報が，業務委託先の従業員により無断で持ち出され，一部は第三者へ売却された。

・企業の業務提携先の元社員が，同企業の研究データを不正に持ち出し，転職先の海外企業に提供した。待遇への不満が動機のひとつだった。

　これらの事例を見ると，ちょっとした気のゆるみ，うっかりミス，管理不足により多くの事故が起こっています。それでは，これらの事故を防ぐためにはどのようにしたらよいのでしょうか？

　組織の情報セキュリティ対策については，「第4章 組織の一員としての情報セキュリティ対策」(p.65)で組織として行う情報セキュリティ対策の概要と，組織の一員として行うべき対策や守るべき心得について記載します。ここでは，組織として情報セキュリティ対策を行う場合の基本的な事柄を3点挙げます。

■経営者の関与とコミットメント

　企業にとって，情報資産を守るための対策は必要不可欠です。しかし，組織として対策を実施するには，経営資源を割り当てる必要があります。また，組織の全員が対策を行うためには，経営者のリーダーシップが必要です。経営者が組織として情報セキュリティ対策を実施するという姿勢を示す(これをコミットメントといいます)ことは，情報セキュリティ対策実施の大前提となります。

■従業員の理解と協力

　従業員の誰かひとりでもルールを守らず，そのために事故が起きると，会社

へ損害を与えるだけでなく，事故を起こした本人も，大変な思いをします。

■守りやすいルール

　情報セキュリティ対策の重要性を理解し，ルールを守る意志があるのに，守るべきルールがあいまいだったり，何をどのようにするのかの手順が整備されていなかったりすれば，正しくルールを守ることができません。たとえば，守るべき重要な情報は何か，どのように守るのかを明確にするなど，守りやすいルールにする工夫が不可欠です。

Column
コラム

Web アプリケーションのフレームワークに存在する脆弱性

　最近では，Web アプリケーションの基盤となるソフトウェア（以下，フレームワークと呼びます）を使用して Web アプリケーションを作成した Web サイトが増えています。このフレームワークは，Web アプリケーションに必要な機能を備えており，作成にかかる時間やコストを削減することができます。また，フレームワークに脆弱性が存在していた場合，フレームワークを最新版に更新することで脆弱性に対する修正を反映することができます。しかし，フレームワークを更新したことで正常に動作していた Web アプリケーションが動作しなくなる可能性があります。

　そのため，脆弱性を修正しているフレームワークが公開されると，更新を実施するために Web アプリケーションの動作検証や修正が必要になります。この動作検証や修正には，多くの時間を要する場合があり，その間，脆弱性が存在している状態になります。このような状態にある Web アプリケーションは，フレームワークの脆弱性を悪用した攻撃を受けやすくなります。この攻撃により個人情報が盗みだされたり，Web ページが作成した表示とは異なる表示に改ざんされたりする被害が発生しています。

　Web アプリケーションの管理者は，このような攻撃による被害を軽減するためにも，使用しているフレームワークに関する情報収集およびフレームワークの脆弱性に対する修正が公開された際，迅速に対応するための手順を準備しておくことが非常に大切です。

4━●情報リテラシーと情報倫理

これまで，情報セキュリティの基礎について説明してきましたが，もう1つ，基本的な事柄が情報リテラシーと情報倫理です。

情報リテラシーとは，情報機器やネットワークを活用する基本的な能力のことで，コンピュータの操作，データの作成や整理，情報検索のような，情報やデータを取り扱う上で必要となる基本的な知識や能力を指します。しかし，それだけにとどまらず，情報セキュリティに関する基本的な知識も情報リテラシーに含まれると考えるべきでしょう。

そして，もう1つ大切なことは，情報倫理です。情報倫理とは，ネット社会で必要とされる道徳やモラルであり，情報モラル，情報マナーともいいます。

日本でも急速に利用者数が増加したX(エックス；旧Twitter)やFacebook(フェイスブック)，LINE(ライン)といったSNSなどのインターネットサービスの利用において，情報倫理に関する問題が起きています。これらは，個人がインターネット上に情報を簡単に発信(投稿)できたり，共通の趣味を持つ者同士の交流の場として利用できたりと，非常に人気のある便利なサービスです。しかし，組織内の情報を投稿したり，自身が働く店に来たお客さんの情報を投稿したり，自身の犯罪行為について投稿したりするなど，情報モラルを欠く投稿もたびたび見受けられ，問題になっています。これらの投稿は，公開範囲が限定されず，サービスの利用者なら誰でも見ることができる状態でした。

インターネット上では，現実の人の顔が見えないため，過度に攻撃的な書き込みや，いわれのない誹謗中傷などが行われることがあり，社会問題となっています。テレビ番組がきっかけで有名人がSNSで誹謗中傷され，自殺してしまった事件がありました。

インターネットを気持ちよく使うためには，お互いの権利やプライバシーを侵害しないように配慮する必要があります。ここでは，誰もが守るべき，基本的なモラルを3点記します。

1)他人の誹謗・中傷をしない

2)他人のプライバシーを侵害しない

3)著作権について知り，著作権侵害をしない

3章

Information
Security
Reader

Chapter

見えない脅威とその対策
―個人レベルのセキュリティ対策―

　最近のウイルスは経済的利得を狙ったものが多いといわれ，感染の兆候が目に見えず，脅威が見えにくいという特徴があります。ウイルスに加え，スパイウェアやボットと呼ばれる悪意のあるプログラム（これらを総称してマルウェアといいます）による被害も急増しています。

　また，フィッシング詐欺，ワンクリック請求などの不正行為も，巧妙さや悪質さが年々エスカレートし，見えない化が進んでいます。

　この章では，このような見えない脅威を取り上げ，その特性と対策を明らかにし，個人レベルで行うべき対策について説明します。

1 ●マルウェア―見えない化が進む

① マルウェアとは?

コンピュータウイルス^{→p.133}(computer virus)(以下，ウイルスと記します)，ワーム^{→p.141}(worm)，トロイの木馬^{→p.136}(trojan house)などの悪意のあるプログラムを総称してマルウェアといいます。これらの不正プログラムは，使用者や管理者の意図に反して(あるいは気づかぬうちに)コンピュータに入り込み，悪意のある行為を行うことから，Malicious Software(悪意のソフトウェア)を短縮してマルウェア(Malware)と呼ばれるようになりました。

ウイルスは，自分自身のコピーを作成し，他のファイルやプログラムに寄生してさまざまな悪さをするソフトウェア(プログラム)のことです。感染の仕方，発症のようすなどが，病気を引き起こす生物界のウイルスと似ているため，このように呼ばれています。

ワームは，感染対象となるプログラムがなく，自分自身の複製をコピーして増殖します。ウイルスと比較して，短期間により多くのシステムに感染する潜在能力を持っています。多くは，バックドアをインストールし，DDoS攻撃に利用したり，悪質な処理を実行したりすることで，システムにダメージを与えます。

トロイの木馬は，有益なプログラムのふりをしてユーザの知らない間に不正行為を行うプログラムです。トロイの木馬の内部に隠していたウイルスをシステムに組み込む，端末内の秘密のファイルをインターネット上に公開する，ファイルやディスクの内容を破壊するなど，さまざまな被害をもたらします。ギリシャ神話の木馬にちなんで名づけられました。

ここでは，このような分類にはあまりこだわらず，マルウェアの被害から身を守るにはどうしたらよいかを中心に説明していきます。

② マルウェアに感染するとどうなるのか？

マルウェアに感染するとさまざまな被害を受けてしまいます。大切な情報資産であるデータが破壊されたり，コンピュータ自身が使えなくなったりすることもあります。また，目に見えないところで，情報漏えいを引き起こしたり，ユーザのコンピュータを操って他のコンピュータを攻撃したりするマルウェアもあります。

それでは，マルウェアに感染したときのさまざまな被害や症状について見ていきましょう。

■ 情報漏えい

無差別にメールが送りつけられ，添付ファイルを開いたことでウイルスやスパイウェアに感染してしまい，企業や個人の情報を窃取される被害が続いています。2019 年以降は，Emotet と呼ばれるウイルスが猛威を振るいました。

さらに，実在の企業や個人をかたって特定の攻撃対象にメールが送りつけられ，それを信用した結果，情報を窃取される被害も多く発生しています。特に，特定の組織や個人を狙う攻撃のことを標的型攻撃といいます。標的型攻撃については，p.48 を参照してください。

■ 悪意のあるサイトへの誘導やマルウェアのダウンロード

攻撃者が用意したインターネット上のサーバからプログラムなどをダウンロードする「ダウンローダ」を介して埋め込まれる多段型のマルウェア（シーケンシャルマルウェア）が多く発見されています。このようなマルウェアは，実行したコンピュータからインターネットにアクセスして，最終的に実害をもたらす本体のマルウェアに感染させます。そのため，ダウンローダのみでは最終的にどんなマルウェアに感染させられるのかわかりません。ダウンロード先も日々変化するものもあり，検知しにくいと思われます。本体のマルウェアが検知・削除されても，ダウンローダは生き残ることもあります。

■ 金銭の要求

ランサムウェア→p.140はコンピュータに感染すると，コンピュータ内にある文書や画像などのファイルを暗号化し，使用できない状態にします。そして，暗号化を解除するためには，身代金の支払いが必要であると記載された画面を表示します。しかし，ファイルを使用できる状態に戻すために，ユーザが表示された要

求に応じたとしてもファイルが元通りになる保証はありません。

　また，身代金の要求に加え，暗号化する前にデータを窃取しておき，支払わなければデータを公開すると脅す二重の脅迫が行われる場合もあります。

コラム　ランサムウェア

　ランサムウェアとは，「Ransom（身代金）」と「Software（ソフトウェア）」を組み合わせた造語です。コンピュータに保存されている特定のファイル（オフィスドキュメントや圧縮ファイル，音楽，画像など）に勝手に暗号化処理を行い，読みとれない状態にした上で画面上に金銭を要求する文書を表示します。暗号化されたファイルの復元は困難であるため，場合によっては組織の事業存続に致命的なダメージを与える可能性があります。

　ランサムウェアの歴史は非常に古いですが（世界初の出現は 1989 年），IPA に初めて寄せられたランサムウェアの感染相談は 2011 年，初めて日本語でメッセージが表示されるという相談が 2014 年であり，当初は日本語に対応していなかったせいか日本での流行は遅れて到来した感があります。2017 年には，脆弱性を悪用してネットワーク経由で感染を広げ自己増殖するワームの特性を持った「WannaCry」と呼ばれるランサムウェアが全世界で甚大な被害をもたらしました。

　なお，端末をロックして操作できなくするタイプは，パソコンのみならず Android スマートフォンに感染するものも確認されています。

━━━ 図解 ━━━

図3.1　ランサムウェア

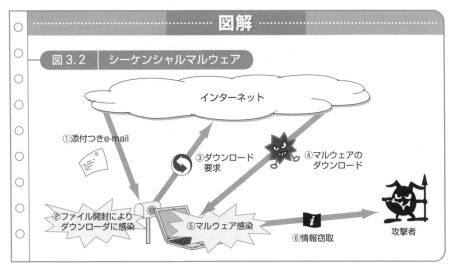

図解

図3.2 | シーケンシャルマルウェア

インターネット

①添付つきe-mail

③ダウンロード
要求

④マルウェアの
ダウンロード

②ファイル開封により
ダウンローダに感染

⑤マルウェア感染

⑥情報窃取

攻撃者

DDoS攻撃

　感染したコンピュータを踏み台にして，DDoS攻撃^{→p.129}(p.17参照)を行う，ボット^{→p.139}と呼ばれるウイルスがあります。同一のボットに感染したコンピュータ群は，攻撃者の指令サーバを中心としてネットワークを組み，いっせいに動作するので，ボットネットワークと呼ばれています。ボットネットワーク内のボット数(コンピュータの台数)が，数千〜数十万に達することもあります。このため多数のコンピュータからいっせいに攻撃が発せられる可能性があり，非常に大きな脅威となります(p.30 図3.3)。

　ボットに感染したことに気づかずにいると，知らない間にDDoS攻撃に加担してしまうので，注意が必要です。

　2020年には，米国でウイルスに感染した約1万5,000台のIoT機器(Webカメラや家庭用ルータなど)からDDoS攻撃が行われた例もありました。

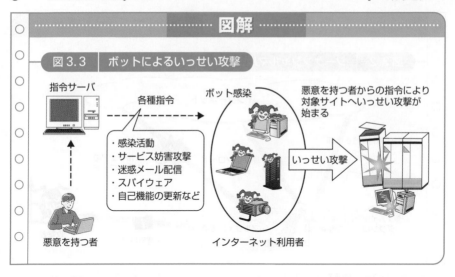

図解

| 図 3.3 | ボットによるいっせい攻撃 |

指令サーバ　　各種指令　　ボット感染　　悪意を持つ者からの指令により対象サイトへいっせい攻撃が始まる

・感染活動
・サービス妨害攻撃
・迷惑メール配信
・スパイウェア
・自己機能の更新など

いっせい攻撃

悪意を持つ者　　　　　　　　　　インターネット利用者

コラム　インターネットバンキングの不正送金被害

　パソコン内などの情報を盗むウイルスはスパイウェアとも呼ばれます。感染すると，インターネットバンキングサイトでユーザがキーボード入力した ID やパスワードを読み取ったり，入力中の画面のスクリーンショットを撮影したり，銀行から発行された乱数表などの情報をユーザにすべて記入させたりして盗み，攻撃者のもとへ送ります。後日，攻撃者がそれらの認証情報でインターネットバンキングサイトにログインし，不正送金を実行します。2014 年には，能動的に不正送金操作を開始し，ユーザにワンタイムパスワードを入力させて不正送金を完了させてしまうウイルスが出現しました。同じく 2014 年には，法人口座取引で利用される電子証明書を盗むウイルスが出現し，被害が拡大しました。パソコンのみならず，スマートフォンでもインターネットバンキングを狙うウイルスが出現し，日本の銀行も標的になっていることが確認されています。

③ マルウェア感染の原因

マルウェアは何らかのきっかけ，つまりユーザの操作を利用してコンピュータの中に入り込み，感染します。ファイルを開いたり，インターネットへ接続するなど，ごく当たり前の操作が感染の原因になることもあります。

マルウェア感染につながる操作には，次のものがあります。

- ・ファイルのオープン ・Webページの閲覧(メールによる誘導含む)
- ・ネットワークへの接続

■■■ ファイルのオープンによる感染 ■

ウイルスは，さまざまな経路で届きます。よく悪用されるのが，メールの添付ファイルで届くケースです。メールの添付ファイルにウイルスが潜んでいる場合，ユーザが添付ファイルを開く(クリックする)と，ウイルスプログラムが起動され，ウイルスが活動を開始して感染します。

また，ウイルスは，Webサイトからダウンロードしたファイルや他人から入手したファイルに潜んでいることもあれば，IM^{→p.130}(Instant Messenger：インスタントメッセンジャー)やIRC^{→p.130}(Internet Relay Chat：インターネットリレーチャット)経由で送り込まれることもあります。

さらに，USBメモリやSDカード，CD/DVD/Blu-rayなどの外部記憶媒体の中にウイルスが潜んでいることもあります。外部記憶媒体の提供者にウイルス感染についての認識があるかどうかに関係なく，ウイルス感染の可能性はいつでもどこでもあります。

よく，「ウイルスはネットワーク経由で感染するから，スタンドアロン(ネットワークにつながない)コンピュータは安全」といわれることもありますが，ネットワークにつながないコンピュータでもファイルのやりとりがあれば，感染する可能性は十分にあるのです。

以上のタイプのウイルスは，ファイルを開かなければ感染しません。しかし，ファイルに二重拡張子や偽装アイコンを用いたり，ユーザが自分に関係あると錯覚するようなメールにウイルスファイルを添付したり，誰に届いても不自然ではない公的機関を装ったメールにウイルスファイルを添付したりするなど，ユーザがうっかりとファイルを開いてしまうような巧妙な手口が使われていることがあります。

1. 二重拡張子やアイコンの偽装

　ファイル名に二重に拡張子を指定した場合，画面上の見た目には本来の拡張子部分が隠れてしまい，違った拡張子(安全なもの)であると錯覚してしまう場合があります。また，アイコン自体をテキストファイルやフォルダアイコンに偽装するウイルスもあります(図3.4)。さらに，これらの偽装されたファイルを開いて感染しても，ウイルスに感染したことを気づかせないように，偽装したアイコンに該当するプログラムを立ち上げたり，偽のエラーメッセージを表示したりするものもあります。拡張子とアイコンの認識の仕方は，p.41 を参照してください。

図解

| 図3.4 | アイコンが偽装されたウイルスファイル |

document.scr　　　(お宝)秘蔵写真集.jpg

2. ユーザが自分に関係あると錯覚するようなメールへの添付ファイル

　2019 年からは，「賞与支給」「会議への招待」「請求書送付のお願い」などといった，メール受信者が身に覚えがなくても自分に関係あるのではないかと思い込んでしまうようなタイトルが付いた，不特定多数に送られるばらまき型メールや，ユーザが過去にやり取りしたメールの返信を装い，あたかもその相手からの返信メールであるかのように見える返信型メールなどが多発しています。

　図3.5 は，実際に送信された「ばらまき型メール」の事例です。

3. 公的機関を装ったメールの添付ファイル

　標的型攻撃(p.48 参照)などでは，メールに特定の組織や団体向けにカスタマイズした文言やファイル名を付け，無害なファイルに見せかけたウイルスを添付している場合があります。

図解

| 図 3.5 | 不特定多数に送信された「ばらまき型メール」 |

カスタマーナンバー：17374973-00001
オーダーNo.：13233939SE

この度は〔　　　　　　　　〕へご注文をいただき、誠に有難うございます。

「出荷のご案内」では、在庫不足や取扱終了、代替品のご案内をしています。
出荷となった商品は配送伝票番号と出荷日が、受注当日お揃え出来なかった
商品はその理由と出荷予定日を案内しています。
必ず添付の「出荷のご案内」（pdfファイル）をご確認ください。

◆◆〔　　　　　　　〕からご注文いただきましたお客様へ
注文送信後に送信される「ご注文内容確認」メールの内容と実際の受注状況とは
異なることがあります。必ず「出荷のご案内」で内容をご確認ください。

■ Webページの閲覧による感染（メールによる誘導含む）

　コンピュータの脆弱性を解消していないと，Webページを見るだけでマルウェアに感染することがあります。あるいは，攻撃者が特定のWebページにマルウェアを仕掛けておいてユーザのアクセスを待つ例もあります。先に説明した「ばらまき型メール」や「返信型メール」でメール本文に書いてあったリンク先にアクセスしたところ，添付ファイルの開封に関係なくウイルス感染した例もあります。また，HTML形式のメールの場合，メール本文にあるリンク先アドレスは，メールソフト上での見た目のアドレスと実際のアクセス先が異なるように設定できるため，見た目で安全と思っていても，まんまと騙されて攻撃者のサイトにアクセスさせられることもありますので，注意が必要です。

　また，正規のWebサイトが改ざんされてマルウェアが仕込まれ，ウイルス対策ソフトをインストールしていないコンピュータでそのWebサイトを見ると，マルウェアに感染するといった例もあります。

　このようなウイルス感染手口をドライブ・バイ・ダウンロードと呼びます。

■ ネットワークへの接続による感染

　OSの脆弱性を悪用したウイルスによる攻撃手口です。ウイルスは，ネットワークにつながっているコンピュータに対して，接続を試みる通信を行うなどして，脆弱性のあるコンピュータを探します。脆弱性のあるコンピュータを発見

すると，ウイルスファイルを送り込むことで感染を広げます(p.88 参照)。
WannaCry(ワナクライ)などが，このタイプのウイルスです。
　こうしてみると，マルウェアが意志を持って悪さをするクラッカーのように
見えるかもしれませんが，このような行為を可能とするのは，マルウェアのコ
ード，つまり，プログラムです。

マルウェアのタイプあれこれ

【マルウェアの種類別】

● コンピュータウイルス

　コンピュータに侵入してユーザが望まないあらゆる悪事を行います。スパイウェアやボット，トロイの木馬，ワームなどはウイルスの一種と考えることができます。

● トロイの木馬

　トロイの木馬は，便利なソフトウェアに見せかけて，ユーザに被害を与えるマルウェアです。W32/Ska（エスケイエー）は，グリーティングカードを装い，クリックすると花火の画像を表示します。花火の画像が見えたところで，すでにウイルスに感染しています。

● ワーム

　寄生せずに単独のファイルとして存在します。ネットワークを動き回り，脆弱性のあるマシンに侵入することからワーム（worm）と名付けられました。

● スパイウェア

　ウイルス同様，コンピュータに侵入してユーザが望まないことを行いますが，不正に情報を収集することが大きな特徴です。それが，スパイ行為に似ていることからスパイウェアと名付けられました。

● ボット

　ボットの脅威は2003年頃から取り沙汰されるようになり，それ以降もボットの流行は続いています。ボットに感染すると，知らないうちにボットネットワークに参加させられて，DDoS攻撃やスパムメール発信などの不正攻撃に加担することになります。悪者に操られる「ロボット」のイメージがあるので「ボット」と呼ばれています。

【感染方法別】

●外部記憶媒体感染型

　セキュリティ対策が十分でないコンピュータでは，感染した外部記憶媒体を接続しただけで感染する可能性がありますので注意が必要です。

●メール機能悪用型

　メールの添付ファイルを介して感染を広げるウイルスです。メールの添付ファイルを開くと感染してしまいます。

●脆弱性悪用型

　OS やソフトウェアの脆弱性を悪用するウイルスです。Web ページを閲覧するだけで感染するウイルスも，このタイプのウイルスです。

●ネットワーク感染型

　脆弱性を悪用し，ネットワーク経由で感染を広めるウイルスです。このタイプのウイルスは，インターネットにつないだだけで感染するやっかいなもので，特にネットワーク感染型といいます。感染すると，ネットワーク経由で対策プログラムを得ることが難しく，駆除にはかなりの手間がかかります。

●ファイル感染型

　感染したプログラムを実行することで，コンピュータ内のプログラムファイルに感染します。文書ファイルには感染しません。

2 ・共通の対策

ウイルス，スパイウェア，ボットなどのマルウェアの侵入を防ぐには，正しい対策が必要です。対策には，これだけでOKという万能薬はないため，ここに記載した対策を1つずつ積み上げ，常日頃から心がけておく姿勢が重要です。

また，最近のマルウェアの傾向を振り返ると，感染の手口が巧妙になっています。次節以降で説明する標的型攻撃や誘導型攻撃，フィッシング詐欺，ワンクリック請求は，マルウェアを使って不正行為が行われることから，ここに記載した対策は，基本的な対策となります。

個人のレベルで行う共通のセキュリティ対策として，次の項目が挙げられます。

・脆弱性の解消
・ウイルス対策ソフトウェアのインストールと更新
・パーソナルファイアウォールの活用
・Web ブラウザのセキュリティ設定
・ネットサーフィンの危険性とその対策
・不審な添付ファイル，迷惑メールの取り扱いに対する注意

① 脆弱性の解消

OSやソフトウェアに脆弱性があると，そこを突破口とされ，マルウェアに感染したり，その他の攻撃を受けたりすることがあります。脆弱性を解消することは，情報セキュリティ対策の第一歩であり，最も基本的で重要な対策と位置付けられます。

脆弱性を解消するには，Windows Update などの機能を利用して自動的に行う，メーカーから提供される修正プログラム^{→p.134}を手動で適用する，ソフトウェアを最新バージョンにアップデートするなどの方法があります。

Windows には，修正プログラムを自動的にダウンロードして更新するWindows Update という機能がありますので，これを活用すると自動的に適用されて便利です。対策を忘れることもありません。

ソフトウェアの脆弱性を修正するプログラムはパッチ^{→p.138}と呼ばれ，メーカーから通常は無償で提供されています。ソフトウェアのバージョンによって適用す

るパッチが異なるので，適切なものを選択して適用する必要があります。また，ソフトウェアを最新版にバージョンアップすると，その時点までに報告されている脆弱性については，まとめて解消することができます。

　スマートフォンの OS やスマートフォン向けアプリケーションについては，最新版の OS やアプリケーションをインストールすることで脆弱性を解消できます。スマートフォンには，OS やアプリケーションの最新版が公開されたことを利用者に通知する機能があります。これを活用することで，最新版の OS やアプリケーションが公開されたことを知り，それらをインストールすることができます。ファームウェアと呼ばれるソフトが動作しているルータやウェブカメラといった組み込み機器については，ファームウェアを最新版にバージョンアップすることで脆弱性を解消できます。

② ウイルス対策ソフトウェアのインストールと更新

　ウイルス対策ソフトウェアは，ファイルやディスクを検査して，ウイルスがいないかどうかを調べます。もし，ウイルスが見つかると，ウイルス名や感染ファイル名を表示したり，駆除したりしてくれます。また，メールやファイルを開く前に，自動的にウイルスをチェックするようにも設定できます。ウイルス対策ソフトウェアは，パターンファイル_{→p.137}（ウイルス定義ファイル_{→p.133}ともいいます）と呼ばれるウイルス検出用のデータファイルを使用して，ウイルスを発見しています。

　ただし，ウイルス対策ソフトウェアのインストール後に発見された新種のウイルスは，パターンファイルに含まれていないため，見つけることができません。そこで，ウイルス対策ソフトウェアメーカーは，新種のウイルスにも対応する最新のパターンファイルを随時提供しています。ユーザは，この最新のパターンファイルをダウンロードすることで新種のウイルスに対応できます。

　新種のウイルスは日々登場するため，パターンファイルの更新情報の確認は，定期的に（可能であれば毎日）行う必要があります。なお，最近のウイルス対策ソフトウェアのほとんどは，最新のパターンファイルを自動的にダウンロードするような初期設定になっています。

③ パーソナルファイアウォールの活用

インターネットに接続しているコンピュータは，常にウイルス感染や不正アクセスの危険にさらされています。パーソナルファイアウォールは，正しく設定・運用すれば，不正な通信に対して警告を表示し，不正アクセスを防いでくれます。また，コンピュータに侵入したスパイウェアやウイルスなどによる，情報の外部への発信も防ぎます。

パーソナルファイアウォール機能の詳細に関しては p. 98 を参照してください。Windows や MacOS などには標準機能として搭載されています。また，ウイルス対策ソフトウェアの中には，パーソナルファイアウォール機能を持つものもあります。

④ Web ブラウザのセキュリティ対策

Web ブラウザでの操作，特にファイルのダウンロードやリンクのクリックは，マルウェア(ウイルス，ボットなど)の不正プログラムに感染したり，悪意のあるサイトへ飛ばされるなど，大きな被害を受ける原因となることがあります。

Web ブラウザのセキュリティ対策としては，アップデートを実施することが有効です。Web ブラウザは，多くの場合，最新版にアップデートすることで被害に遭う可能性を低減することができます。Web ブラウザのアップデートは機能改善のほかにも，Web ブラウザの脆弱性を解消し，不正プログラムの感染を防止する仕組みも含むため，アップデートはその都度行うようにしましょう。多くの Web ブラウザには自動アップデートの機能も備わっているため，その機能を使うのも有効です。

Web ブラウザには，セキュリティを設定する機能があります。使用環境にあわせて，セキュリティをできるだけ高く設定するように心がけましょう。

⑤ ネットサーフィンの危険性とその対策

　Web サイトは情報の入手先としての価値は高いのですが，反面，思わぬ罠が仕掛けられている可能性もあります。ネットサーフィンには危険が伴うことを認識し，不用意な操作を慎むようにしましょう。特に，次の点には注意が必要です。

■■■ 安易にダウンロードしない，インストールしない ■■■■

　Web サイトには，トロイの木馬，ウイルス，スパイウェア，ボットなどの不正プログラムを仕込んだプログラムが，普通の無害なプログラムを装って置かれていることがあります。これらをダウンロードしてインストール(または，実行)すると，不正プログラムに侵入され，個人情報の漏えいやデータの破壊などの被害に遭うことがありますので，安易なダウンロードは避けるべきです。

■■■ クレジットカード番号や個人情報などの重要情報をむやみに入力しない ■

　フィッシングメール(p. 8，51 参照)のような被害に遭わないためにも，機密情報や個人情報など重要な情報は，必要なとき以外は絶対に入力してはいけません。

　機密情報や個人情報を入力する必要があるときは，情報が暗号化されて送信される SSL(Secure Socket Layer)/TLS(Transport Layer Security) 方式 (p. 107 参照)で接続されていることを確認するべきです。Web ブラウザとサーバとが SSL/TLS 方式で接続されているときには，アドレス欄に「https://」と表示されたり，鍵マークが表示されます(図 3.6)。

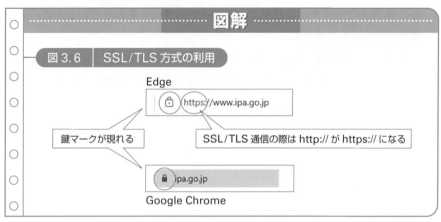

図解

| 図 3.6 | SSL/TLS 方式の利用 |

Edge

🔒 https://www.ipa.go.jp

鍵マークが現れる　　　SSL/TLS 通信の際は http:// が https:// になる

🔒 ipa.go.jp

Google Chrome

⑥ 不審な添付ファイル，迷惑メールの取り扱いに対する注意

■ 不審なメールや添付ファイルは開かないのが原則 ■

　不審なメールや添付ファイルは開かないことを基本方針にします。確認のために開くときは，次の項に示すウイルス検査を必ず事前に実行してください。

　迷惑メールについては，興味本位で開かずに，そのまま削除します。メールに記載されたリンクを不用意にクリックすることも避けましょう。繰り返し送られてくる場合，または大量に送られてくる場合は，スパムフィルタを使うか，プロバイダに相談します。

　身に覚えのない料金を請求するメールや，詐欺と思われるメールについては，悪質な場合は躊躇することなく，専門家に相談したり警察に届け出たりしましょう。

■ 添付ファイルは，開く前や実行する前にウイルス検査を行う ■

　p.31 に示したように，多くのウイルスがメールを利用して感染を広げます。特に，アドレス帳や受信トレイのメールから収集したアドレスに，無差別に感染メールを送りつけるケースが目立ちます。このため，親しい友人や取り引きのある企業からのメールといえども，メールの添付ファイルを開く前には，必ずウイルス検査を実施する必要があります。

　ウイルス対策ソフトウェアには，メールや添付ファイルを自動的にスキャンする機能があるので，これを有効にしておくとよいでしょう。

■ 見た目に惑わされず，添付ファイルの拡張子とアイコンを確認する ■

　メールの添付ファイルやダウンロードしたファイルが不正プログラムであるかどうかを判断するには，アイコンやファイル名などの「見た目」ではなく，実際のファイルの種類（ファイルの形式）を確認することが重要です。ファイルを右クリックして「プロパティ」を選択し，「全般」タブの「ファイルの種類」の表示を確認しましょう。文書ファイルのように見えるにも関わらず，ここに「アプリケーション」や「ショートカット」と表示された場合は，偽装された危険なファイルの可能性があります。

　一般に，図3.7のような拡張子を持つファイルは，危険なファイルの可能性があります。このようなファイルは，慎重に扱ってください。

また，ウイルスなどの不正プログラムだと気づかれないようにするために，アイコンを偽装したり，二重の拡張子を付けるケースがあります。たとえば，「お知らせ.exe」というファイル名なのに Microsoft Word のアイコンに偽装したり，「お知らせ.doc（長いスペース）.exe」というように拡張子を二重に付けて，後の「.exe」を簡単に表示されないようにしたりするケースです。このようなファイルは次のように表示されます（図3.8）。

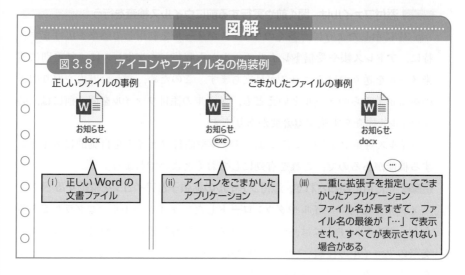

Windows のエクスプローラーでは，標準では拡張子が表示される設定になっていません。このため，拡張子を表示するには，エクスプローラーの設定を変更しなければなりません。この操作は，次のように行います。

1) Windows のエクスプローラーを起動し，メニューバーから［表示］-［オプション］を選択します。

2) ［フォルダーオプション］というパネルが表示されますので，［表示］タブを
クリックします。

3) ［登録されている拡張子は表示しない］というオプションをクリックし，
チェックマークを外します。

4) ［適用］をクリックします。

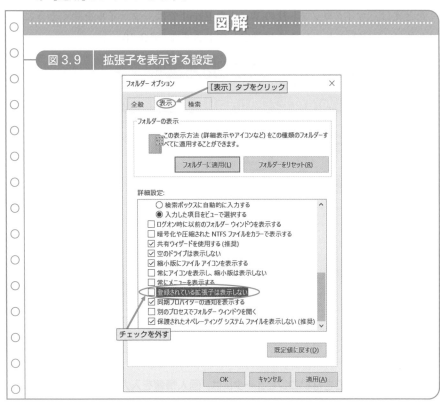

………………………………………… 図解 …………………………………………

図 3.9 　拡張子を表示する設定

フォルダー オプション　　　　　　　［表示］タブをクリック　　　　×

全般　　表示　　検索

フォルダーの表示

この表示方法 (詳細表示やアイコンなど) をこの種類のフォルダーす
べてに適用することができます。

フォルダーに適用(L)　　　　フォルダーをリセット(R)

詳細設定：

○ 検索ボックスに自動的に入力する
◉ 入力した項目をビューで選択する
☐ ログオン時に以前のフォルダー ウィンドウを表示する
☐ 暗号化や圧縮された NTFS ファイルをカラーで表示する
☑ 共有ウィザードを使用する (推奨)
☑ 空のドライブは表示しない
☑ 縮小版にファイル アイコンを表示する
☐ 常にアイコンを表示し、縮小版は表示しない
☐ 常にメニューを表示する
☐ 登録されている拡張子は表示しない
☑ 同期プロバイダーの通知を表示する
☐ 別のプロセスでフォルダー ウィンドウを開く
☑ 保護されたオペレーティング システム ファイルを表示しない (推奨)

チェックを外す

既定値に戻す(D)

OK　　　キャンセル　　　適用(A)

▰▰▰ メールの暗号化とディジタル署名の利用 ▰▰▰

　メールの暗号化とディジタル署名(p. 103 参照)を利用すると，なりすまし，
改ざん，盗聴といった不正行為を封じることができます。現在暗号化に利用で
きるものには，PGP，S/MIME などがあります(p. 108，109 参照)。
→p.131　→p.132

⑦ その他の注意点

■ アプリケーションのセキュリティ機能を活用する

アプリケーションソフトによっては，セキュリティの強弱を設定する機能が装備されています。このような機能は積極的に活用しましょう。

たとえば，マイクロソフト社の Word や Excel では，ファイルを開くときにマクロが自動実行されないように設定しておきます（図 3.10）。

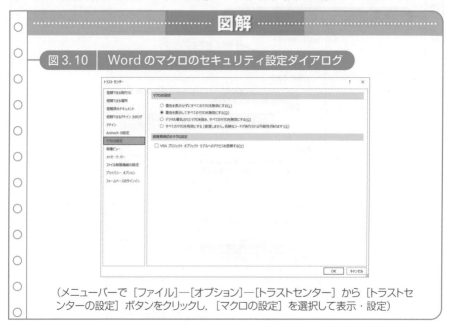

○ ──────────────── **図解** ────────────────

| 図 3.10 | Word のマクロのセキュリティ設定ダイアログ |

（メニューバーで［ファイル］─［オプション］─［トラストセンター］から［トラストセンターの設定］ボタンをクリックし，［マクロの設定］を選択して表示・設定）

■ 自分で管理できないコンピュータには，個人情報を入力しない

インターネットカフェや漫画喫茶などにある，不特定多数のユーザが使用し，自分で管理できないコンピュータは，セキュリティ設定が不十分であったり，必要なセキュリティを設定できません。また，悪意のあるユーザによって不正なプログラムが仕込まれている可能性があります。このようなコンピュータで個人情報を入力すると，それが盗み取られることもあります。

■ 外部記憶媒体の利用における注意点

外部記憶媒体（USB メモリなど）を経由して感染を広げるマルウェアがあります（p.31 参照）。外部記憶媒体の利用においては，次の点に注意する必要があ

ります。

- ・自身が管理していない外部記憶媒体は，自身のパソコンには接続しない。
- ・自身が管理していないパソコンには，自身の外部記憶媒体を接続しない。
- ・外部記憶媒体の自動実行機能を無効化する。

　また，会社での外部記憶媒体の使用については，企業で定めた情報セキュリティポリシーに従うようにします。

　外部記憶媒体のセキュリティ対策の詳細については，以下の URL に記載があります。

参考)
総務省　国民のためのサイバーセキュリティサイト
持ち運び可能な記憶媒体や機器を利用する上での危険性と対策
https://www.soumu.go.jp/main_sosiki/cybersecurity/kokumin/business/business_admin_19.html

⑧ いざ，という時のために

　万全の対策を講じたとしても，万が一ということもあります。セキュリティ被害に遭うことを想定し，常日頃から気を配っておくことが大切です。ここでは，いざという時にあわてないための対策について説明します。

■ 万が一のために，データは，必ずバックアップする

　ウイルスの被害に備えて，定期的にデータのバックアップを行うことが必要です。データのバックアップは，不慮の事故(たとえば，ハードディスクが壊れてしまうなど)にも対応できます。バックアップに使用したメディアは，安全な場所に保管しておきましょう。

　HDD をバックアップ用のメディアとして利用する場合は，バックアップ後に必ず HDD をネットワークから切り離しましょう。

■ マルウェア感染の兆候を見逃さない

　システムやコンピュータの動きが「いつもとどことなく違う」と感じられるときは，マルウェア感染が疑われます。たとえ感染したとしても，早期に発見すればそれだけ被害は少なくできます。システムやアプリケーションが頻繁にハングアップする，などのいつもと違う兆候が見られたときは，ウイルス対策ソフトウェアでウイルス検査を実行してください。

もし，マルウェアに感染してしまったら

万全の対策を講じたとしても，万一ということもあります。マルウェアへの感染が疑われるときは，落ち着いて対処しましょう。また，システム管理者など知識や経験のある人に報告してから，対処するようにしてください。

対処手順は次のようになります(主にウイルスを想定)。

1. ネットワーク接続を遮断し，システム管理者の指示を仰ぐ

まず，被害の拡大を防ぐために，ネットワークへの接続を遮断します。その際，症状や経緯などをまとめておくと後で役立ちます。

2. 最新のウイルス対策ソフトウェアで検査を行い，ウイルス名を特定する

ウイルスの種類により対処方法が異なるため，どのウイルスに感染したのかを特定することが重要です。その際，最新のウイルス定義ファイルを使用しないと，新しいウイルスは検出されないので，注意が必要です。

3. ウイルスに合った適切な駆除を行う

ウイルス対策ソフトウェアが見つけたウイルスについては，ウイルス対策ソフトウェアで削除できる可能性があります。また，セキュリティ対策ベンダーでは，ウイルスの駆除に特化したツールを無償で提供しています。必要に応じて，そのようなツールを利用するとよいでしょう。

4. データが破壊されたときは，バックアップから復旧する

万一のときにこそ，バックアップ →p.137 の重要性が再認識されることでしょう。バックアップがなければ，いくらウイルスを駆除したとしても，破壊されたデータの復活は不可能です。

5. 最新のウイルス対策ソフトウェアでもう一度検査を行う

ウイルスの駆除が完了したことの確認と，他のウイルスに感染していないかを確認する，という意味があります。

6. 再発防止の予防策を講じる

感染経路を特定し，その原因を排除するようにします。たとえば，ソフトウェアの脆弱性が原因のときは，パッチを当てたり，バージョンアップしたりするなどして，脆弱性をなくしておきます。

最も安全で確実な初期化，再インストール

ウイルス対策ソフトウェアの目的は，ウイルスの事前発見と感染予防であって，感染後の修復は本来の機能ではありません。また，最近のウイルスはひと

たび感染すると，システムに関連した重要ファイルを改ざんしたり，新たなウイルスをダウンロードしたりするので，ウイルス対策ソフトウェアでは，完全な修復は困難と考えた方がよいでしょう。

よって，感染後の最も安全で確実な復旧方法は，システムの初期化と，アプリケーションやデータの再インストールです。

初期化をするとデータは消えてしまいますので注意が必要です。なお，ここで「初期化」というのは，「買ったときの状態に戻す」ことを意味します。

3 →•標的型攻撃と誘導型攻撃への対策

① 標的型攻撃とその対策

標的型攻撃^{→p.138}とは，主に電子メールを用いて特定の組織や個人を狙う攻撃のことをいいます。近年，このような攻撃が確認されるケースが増えています。

標的型攻撃のやっかいなところは，不特定多数を攻撃対象としていないため，防ぐことが難しい点です。不特定多数に攻撃メールが送られれば，ウイルス対策メーカーも検体を入手しやすくなり，それを対策ソフトウェアのパターンファイルに反映することができます。その結果，ウイルス対策ソフトウェアで検出することができるようになります。ところが，標的型攻撃の場合，限られた対象にしか検体が届かないため，それに対応するパターンファイルを用意することが困難になります。

さらに，攻撃対象の組織や個人に合わせてメールの内容をカスタマイズしているため，怪しいメールと判断がしにくくなっています。

2008年4月には，IPAの名をかたって，特定の組織にメールの添付ファイルとしてウイルスを送りつける事例が表面化しました。その後も，警察庁や内閣官房などの公的機関から送られたように偽装するウイルスメールがあとを断ちません。これらは，いずれもメールを送りつけた相手に何とか添付ファイルを開かせようとするために，苦情メールや公的機関を装ったものです。偽装さ

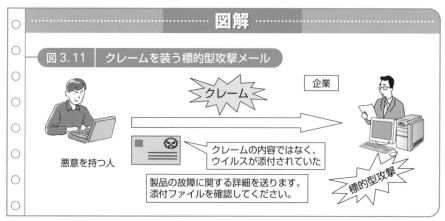

図解

図3.11 クレームを装う標的型攻撃メール

企業

クレーム

悪意を持つ人

クレームの内容ではなく、
ウイルスが添付されていた

製品の故障に関する詳細を送ります。
添付ファイルを確認してください。

標的型攻撃

れていることに気付きにくいために被害に遭ってしまいます。

2012 年から 2016 年にかけて，「やりとり型」と呼ぶ標的型攻撃も確認されています。この攻撃手口では，攻撃者は，企業等の対外窓口へ，商品の見積もり依頼，故障のクレーム，あるいは取材依頼等を装ってメールを送ってきます。最初のメールにはウイルス等は添付されていませんが，これに返信すると，用件の詳細を送るという名目で，添付ファイル（ウイルス）が送られてきます。

標的型攻撃でよく使われる手法に，PDF ファイルや Word ファイル，Excel ファイル等のデータファイルに，脆弱性を悪用してマルウェアを仕込んでいるケースがあります。このような場合は，拡張子を確認しても，通常のデータファイルと見分けがつきません。

このような攻撃を防ぐためには，「共通の対策」（p.37）に記載した基本的な対策を行うとともに，日頃からやりとりするメールには細心の注意を払うようにし，知り合いから届いたメールでも，件名や本文などが普段とは少しでも違うところがあれば，添付ファイルを開くことなく，送信者に電話で確認するようにしましょう。

IPA では，標的型攻撃メールを含む，情報セキュリティ一般に関する相談窓口「情報セキュリティ安心相談窓口」（https://www.ipa.go.jp/security/anshin/about.html）を設けています。少しでも怪しいと思ったら相談をしてみるとよいでしょう。

② 誘導型攻撃とその対策

従来からサーバやパソコンを直接攻撃する能動的な攻撃がありました。近年は，能動的な攻撃のほかに，利用者（ターゲット）を攻撃者の仕掛けた罠に誘導する，誘導型攻撃 →p.140 が増えてきています。このような攻撃方法は，専門的には受動的攻撃（Passive Attack）と呼ばれています。

具体的には，罠を仕掛けた Web ページの URL を記載したメールを送信し，その URL に利用者をアクセスさせることで，ウイルスを送り込もうとするケースがあります。送信するメールは，興味を引くような内容になっており，たとえば，人気動画サイトに見せかけたりしています。

このような攻撃への対策としては，安易にリンクをクリックしないこととともに，脆弱性を解消しておくことが重要になります。

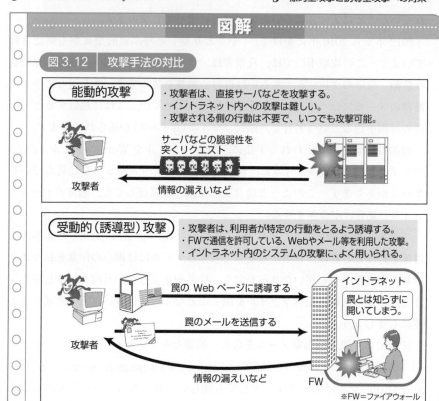

・・・・・・・・・・・・・・・・・・・・・・・・・・・・・・ **図解** ・・・・・・・・・・・・・・・・・・・・・・・・・・・・・・

図 3.12 攻撃手法の対比

能動的攻撃
・攻撃者は、直接サーバなどを攻撃する。
・イントラネット内への攻撃は難しい。
・攻撃される側の行動は不要で、いつでも攻撃可能。

サーバなどの脆弱性を
突くリクエスト

攻撃者　　　情報の漏えいなど

受動的（誘導型）攻撃
・攻撃者は、利用者が特定の行動をとるよう誘導する。
・FWで通信を許可している、Webやメール等を利用した攻撃。
・イントラネット内のシステムの攻撃に、よく用いられる。

イントラネット
罠の Web ページに誘導する
罠とは知らずに
開いてしまう。
罠のメールを送信する

攻撃者

情報の漏えいなど　　FW

※FW＝ファイアウォール

4—・フィッシング詐欺への対策

① フィッシング詐欺とは

フィッシング詐欺^{→p.138}は，巧妙な文面のメールなどを用い，実在する企業（金融機関，信販会社など）の Web サイトを装った偽の Web サイトにユーザを誘導し，クレジットカード番号，ID，パスワードなどを入力させて盗み取る不正行為です。最近は，金融機関だけでなく，オンラインショップやオークションサイトなどを装うケースも出現しています。「フィッシング」という言葉は造語で，「phishing」と書きます。

巧妙な手口

フィッシング手口は単純ですが，ユーザを騙すためにさまざまな工夫がこらされています。典型的な手口は，「ユーザを錯誤させる騙しメール」，「本物に見間違えるような偽の Web サイト」，「個人情報の入力を求める」などです。

(1)ユーザを錯誤させる騙しメール

まず，ユーザのもとにフィッシングメールが届きます。このメールは，送信元がいかにも実在する企業のアドレスに見えたり，メールの本文が「新システムの移行に伴いパスワードの変更が必要」など，真実味のある内容になっているので，ユーザはフィッシングメールとは気づきません。

そして，リンク先のアドレスも本物に見えるよう工夫されています。ユーザがこのリンクをクリックすると，あらかじめ用意された偽の Web サイトに誘導されます。

(2)本物に見間違えるような偽の Web サイト

リンク先の偽の Web サイトでは，実在の企業名やロゴが使われたり，実在の Web サイトとまったく同じデザインにするなどして，ユーザに本物の Web サイトと思い込ませるようになっています。

(3)個人情報の入力を求める

フィッシング詐欺の目的は，クレジットカード番号，銀行の口座番号，ユーザ ID，アクセス用のパスワード，決済用のパスワードなどを盗み取ることです。偽の Web サイトにこれらの入力を受け付けるフィールドが用意されています。

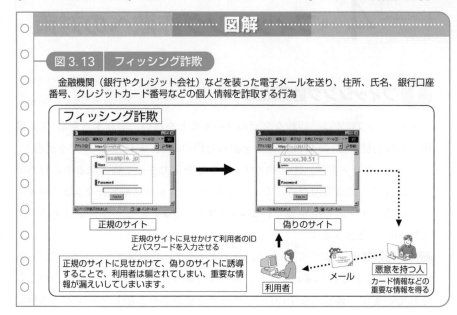

図解

図3.13　フィッシング詐欺

金融機関（銀行やクレジット会社）などを装った電子メールを送り、住所、氏名、銀行口座番号、クレジットカード番号などの個人情報を詐取する行為

フィッシング詐欺

正規のサイト　　　　　　　　　　　　偽りのサイト

正規のサイトに見せかけて利用者のIDとパスワードを入力させる

正規のサイトに見せかけて、偽りのサイトに誘導することで、利用者は騙されてしまい、重要な情報が漏えいしてしまいます。

利用者　　メール　　悪意を持つ人

カード情報などの重要な情報を得る

どのような被害に遭うのか

　ユーザが騙されて入力した個人情報をもとに，インターネットバンキングのWebサイトに不正アクセスされたり，クレジットカードを不正使用されるなどの被害に遭う可能性があります。最近は，実際に金品を得る目的で組織的・計画的にフィッシングを仕掛ける悪質なケースが急増しています。

　また，フィッシングを通じてパスワードやメールアドレスといった重要な情報が流出し，スパムメールの拡大や不正アクセスなど，情報セキュリティに悪影響を及ぼす恐れがあります。

② フィッシング詐欺への対策

　フィッシング詐欺は，ユーザを騙すことによって成り立っています。したがって，怪しいメール，リンク先，Webサイトは，まず疑ってかかることが原則です。フィッシング詐欺の被害に遭わないためには，次の点に注意しましょう。

(1)メールの送信元(差出人)や本文内容を安易に信用しない

　送信元のメールアドレスは簡単に偽装できます。このため，送信元に実在の企業名が使用されていても安易に信じないことが肝心です。また，フィッシン

グメールは，ユーザの錯誤を誘うような巧妙な内容になっています。重要性や緊急性をアピールする文言が使用されていても，内容を鵜呑みにせず，メール本文の日本語や，内容に違和感がないか確認しましょう。

　フィッシング詐欺であるかどうか判断が難しい場合には，メールの送信元の会社に直接確認するのが確実です。ただし，メールに記載されている相手の情報は正しいものとは限らないため，必ず正規の Web サイトなどからメールアドレスや電話番号を調べるようにしてください。

(2)リンクを安易にクリックしない

　フィッシングに使用される Web サイト（フィッシングサイト）に限らず，悪意を持って設置されている Web サイトには，閲覧するだけでユーザのパソコンに不正なプログラムを埋め込まれてしまうものがあります。メール本文中のリンクをクリックする前に，まずはメールそのものが信頼できるものかどうか確認しましょう。

(3)リンク先が正規の Web サイトかどうか確認する

　リンク先の Web サイトに個人情報を入力する場合は，正規の Web サイトであるかどうかを確認することが重要です。普段よく利用する Web サイトであれば，ブラウザのブックマークに正規の Web サイトを登録しておき，いつもそこからアクセスする習慣を身に付けておくのがよいでしょう。

　アドレスバーに表示されている URL を目視で確認することも有効ですが，フィッシングサイトには，英字の "l"（エル）を数字の "1" に置き換えたり，あるべきピリオドがないなど，一見しただけでは判別できない非常に紛らわしい URL が使われることがあるので注意が必要です。

　ほかにも確認方法はいくつかありますが，いずれも絶対的な方法ではなく，それらを欺くような巧みな方法も出現しています。正規の Web サイトのように見える場合でも過信することは禁物です。

(4)SSL/TLS 接続されていない Web サイトでは重要情報を入力しない

　個人情報などの重要な情報を入力する Web サイトでは，SSL/TLS を使用して通信を暗号化するケースがほとんどです（p. 40 参照）。逆に，SSL/TLS 接続されていない Web サイトは，通信が暗号化されておらず，入力情報が読み取られてしまう危険があるため，フィッシングサイトである可能性があります。重要情報は入力しないようにしましょう。

　なお，フィッシングサイトでもサーバ証明書を取得して SSL/TLS 接続している場合や，SSL/TLS 接続を偽装表示するケースも報告されているので，SSL/TLS 接続されているように見えても絶対安全とはいいきれません。

(5)フィッシング対策用のソフトウェアを使用する

　フィッシング対策用のソフトウェアが配布されたり，市販されています。また，主要なブラウザにもフィッシング検出機能が搭載されています。このようなソフトウェアを利用することで，安全性を高めることができます。

❸ ますます巧妙化するフィッシング詐欺

　これまでのフィッシングは，メールによってフィッシングサイトに誘導するのが一般的でしたが，2018 年頃からは SMS も使われるようになってきました。SMS で電話番号宛にフィッシングメッセージが届くので，スマートフォン利用者を狙った手口といえます。特に Android スマートフォンの場合は，メッセージに騙されて不正アプリをインストールしてしまうと，自分のスマートフォンからもフィッシング SMS を送信するようになってしまい，自分にも金銭被害が発生するうえに，被害をさらに拡大させてしまうことになってしまいます。

　また，フィッシングメッセージの内容は，宅配便配達の不在通知を装うなど不自然さをなくす工夫がされており，注意が必要です。

　このほか，乗っ取られた SNS アカウントが悪用されてフィッシングメッセージ送信の踏み台になっている場合には，友人から SNS 経由でフィッシングメッセージが届くことになるので，より騙されやすくなってしまいます。SNS 経由でフィッシングメッセージが届き，SNS アカウントの ID やパスワードを入力してしまって自分の SNS アカウントが乗っ取られ，フィッシングメッセージを送る踏み台になって，被害が拡大してしまった事例もありました。

　フィッシング対策協議会では，フィッシング対策ガイドラインの公表や，フィッシングに騙された事例の紹介など，情報提供や注意喚起を行っています。この協議会の Web サイトで最新情報をチェックすることをおすすめします。

参考)

フィッシング対策協議会

https://www.antiphishing.jp/

5 ●ワンクリック請求への対策

Webサイトでのユーザの行動につけこんで不正な請求を行う<ruby>ワンクリック請<rt>→p.141</rt></ruby>求は，2005年頃から確認されていましたが，今でも少ないながらIPAに相談が寄せられています。ユーザの「後ろめたい」と思う心理を突く騙しの手口としては古い部類に入ります。パソコン，スマートフォン，それぞれのユーザが狙われています。

.... **図解** ....

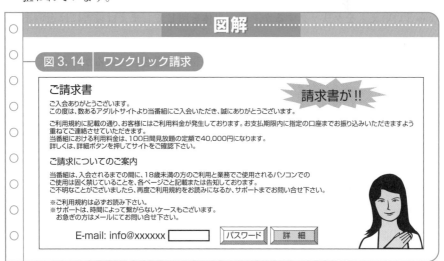

図3.14 　ワンクリック請求

ご請求書

ご入会ありがとうございます。
この度は、数あるアダルトサイトより当番組にご入会いただき、誠にありがとうございます。

ご利用規約に記載の通り、お客様にはご利用料金が発生しております。お支払期限内に指定の口座までお振り込みいただきますよう
重ねてご連絡させていただきます。
当番組における利用料金は、100日間見放題の定額で40,000円になります。
詳しくは、詳細ボタンを押してサイトをご確認下さい。

ご請求についてのご案内

当番組は、入会されるまでの間に、18歳未満の方のご利用と業務でご使用されるパソコンでの
ご使用は固く禁じていることを、各ページごと記載または告知しております。
ご不明なことがございましたら、再度ご利用規約をお読みになるか、サポートまでお問い合せ下さい。

※ご利用規約は必ずお読み下さい。
※サポートは、時間によって繋がらないケースもございます。
　お急ぎの方はメールにてお問い合せ下さい。

E-mail: info@xxxxxx 　　　　　　　[パスワード] 　[詳 細]

請求書が!!

① ワンクリック請求とは

ワンクリック請求とは，おもにアダルトサイトで無料の動画を見ようとしてサムネイル画像をクリックして先に進んでいくと，「会員登録が完了しました」などという料金請求画面が表示され，料金の支払いを求められる事象です。

料金請求画面には，<ruby>IPアドレス<rt>→p.130</rt></ruby>・接続プロバイダ・OS名・ブラウザ名・電話会社名・スマートフォン機種名などが表示されることがあり，ユーザは個人が特定されているものと勘違いしてしまい，「自宅や会社に回収に行く」などの文言で不安をあおられることも多く，ついつい支払ってしまうケースがあるようです。

見えない脅威とその対策

3

② ワンクリック請求への対策

　ワンクリック請求に遭遇しないようにするには，「はい／いいえ」などの意思確認画面で安易に「はい」をクリックしないことが最も重要です。自分が何に対して「はい」と答えようとしているのかを，一度深呼吸するなどして冷静に考える習慣を身に付けておくのがよいでしょう。「はい／いいえ」ボタンの近くには必ず「利用規約」があることがほとんどです。利用規約内に料金が明示されていれば有料サイトだということですから，登録されるのが本意でないなら「いいえ」をクリックするか，画面自体を閉じてしまえば被害には遭いません。

　万が一，不正請求を受けた場合に，個人情報が取得されているかどうかですが，ユーザのクリックによって相手の Web サイト側に伝わる情報(IP アドレス・接続プロバイダ・OS 名・ブラウザ名・電話会社名・スマートフォン機種名など)からは，個人を特定することは簡単にはできません。基本的には無視し続ければよいと思われます。また，連絡先が記載してあったとしても，問い合わせなどは絶対にしてはいけません。余計な個人情報を伝えてしまうことになる可能性があるためです。たとえば電話してしまうと自分の電話番号が伝わる可能性がありますし，メールしてしまうと自分のメールアドレスや本名などが伝わる可能性があります。

　とはいえ，料金を支払う必要があるのか心配なケースもあるでしょう。このような場合は，お近くの消費生活センターや国民生活センター，もしくはお住まいの自治体の無料弁護士相談所などへ問い合わせるとよいでしょう。万が一，Web サイト側からしつこい請求などを受けるようでしたら，最寄りの警察に相談することもおすすめします。

③ スパイウェアによる不正請求

　ワンクリック請求の中には，ウイルスによってパソコンに数分おきに料金請求画面が表示され続ける事例がありました。請求画面を閉じたり，パソコンを再起動したりしても，数分おきに料金請求画面が表示され続けるのです。これは，ウイルスによってパソコンの設定が変更された結果の動作ですので，たとえ原因となったウイルスファイルを特定して削除したとしても，料金請求画面

は表示され続けます。

　万が一このような状態になったら，Windows の場合は「システムの復元」という機能によって，ウイルスに感染する前の状態に戻せる場合があります。操作手順はパソコンのマニュアルやメーカーのユーザサポートなどで確認してください。

参考）
（IPA）ワンクリック請求の手口に引き続き注意
https://www.ipa.go.jp/security/anshin/attention/2022/mgdayori20220706.html

6 ・スマートフォンの脅威と対策

　スマートフォンの利用者数は急速に増加しています。スマートフォンは，自由にアプリケーション（各種機能を実現するプログラム。以下，アプリ）を追加することができ，さまざまな用途に利用することができます。たとえば，インターネット上の動画を見る，オンラインゲームで友達と遊ぶなど，それぞれ専用のアプリをインストールすることで利用できます。スマートフォンのアプリの数は数百万本といわれています。

　このような利用方法から，従来の携帯電話の延長線上にスマートフォンがあるというより，その機能はパソコンに近いものといえます。図3.15に示すように，スマートフォンの普及が拡大するとともに，パソコンの周りにある脅威が，同様にスマートフォンも取り巻くといった状況にあります。スマートフォンでもセキュリティ対策を心がける必要があります。

図解

図3.15　スマートフォンを狙ったウイルス

従来型の国内の多機能携帯電話

スマートフォン（新型の多機能携帯電話）

パソコン

特徴が似ている

海外製を含む多くの機器で共通の仕様

機種ごとに異なる仕様

利用者の自由度は低い

利用者が自由にアプリケーションを追加でき，アプリケーションを開発することもできる

狙い

悪人（攻撃者）

⇨ スマートフォンを狙ったウイルス
⇨ 情報奪取やなりすましなどの不正利用
⇨ 脆弱性悪用の不正アクセス

① スマートフォンの危険性

　パソコンと同様といっても，スマートフォンにはどのような危険があるのでしょうか。現在確認されている脅威を見ていくことにします。

(1)スマートフォンを狙ったウイルス

　スマートフォンにもウイルスが存在しています。ウイルスは，通常のアプリと

同様の形式で配布されており，ユーザがインストールすることで感染します。人気ゲームの無料版を装ったアプリが実はウイルスだったという例もあります。ウイルスの機能としては，スマートフォンの端末情報(OSのバージョン，電話番号，メールアドレス等)を盗む，別のウイルスを呼び込む，通話内容を記録するといったものもあります。

(2)スマートフォンの脆弱性

　スマートフォンにも脆弱性が発見されています。脆弱性を解消しないままでは，さまざまな被害が発生する危険性があります。たとえば，悪意のある仕掛けを施された特定のWebページを見ただけでウイルスに感染する場合があります。また，脆弱性を攻撃する細工を施されたアプリを実行してしまうと，スマートフォンの操作を乗っ取られてしまう場合もあります。

② スマートフォンのセキュリティ対策

　IPAでは，ウイルスや脆弱性を悪用した攻撃といった脅威がある中で，スマートフォンを安全に使うための対策として「情報セキュリティ船中八策　スマートフォン編」をまとめました。スマートフォンを利用する際は，これらを参考に対策を実施してください。特に，アプリのインストールから被害が発生することが多いので，一・二・八の対策は必ず実施することをおすすめします。

情報セキュリティ船中八策　スマートフォン編

一、信頼できるサイトからインストール

二、アプリに許可する権限の確認

三、脅威や手口を知る

四、認証の強化・データの暗号化・バックアップ

五、公衆無線LANの利用はリスクを理解

六、パスワードを使い回さない

七、OS・アプリの更新

八、セキュリティソフトの導入

参考)

(IPA)情報セキュリティ10大脅威2017　1章. 情報セキュリティ対策の基本　スマートフォン編
https://www.ipa.go.jp/security/10threats/2017/index.html

7 ─● 無線 LAN に潜む脅威とその対策

無線 LAN(Local Area Network)は，ケーブルがなくてもネットワークへ接続できるため，家庭内やオフィスにとどまらず，駅や店舗といった街中でも急速に普及しています。しかし，無線 LAN 特有の危険性もあるので，これを認識し，適切なセキュリティ対策を施すことが必要です。

① 無線 LAN の危険性

無線 LAN の使用において最も意識すべきことは，空中に飛び交っている電波を傍受されて盗聴など悪用される危険性がある，ということです。また，無線 LAN の電波は屋外やビル外にも達することがあります。このような電波は簡単にキャッチできるため，セキュリティ設定を怠ると，思わぬ被害に遭うことがあります。

一般家庭の無防備な無線 LAN が屋外から勝手に悪意ある者から"ただ乗り"接続され，サイバー犯罪のために悪用された事例(殺人予告や違法ファイルダウンロード等)が複数報告されています。また，仮に社内用の無線 LAN が社外(屋外)から使用可能な場合は，社内ネットワークへの侵入により情報窃取などの被害が起こり得ます。

また，街中に設置されている公衆無線 LAN を使う際に，正規のものではない，悪意ある者が設置した偽のアクセスポイントに接続してしまうと，通信内容をすべて読み取られてしまう危険性があります。

② 自宅で無線 LAN を使う際のセキュリティ対策

自宅で無線 LAN を使うには，アクセスポイント(親機)の設置が必要となります。電波が屋外まで届くのであれば，屋外からでも無線 LAN 経由でインターネット接続が可能となります。アクセスポイントを適切に設定していないと，通信の内容を盗聴されたり，意図しない人間や端末から"ただ乗り"されたりしてしまい，悪用される危険性があります。"ただ乗り"された場合，それに気付くことやアクセス者の特定が難しいため，無線 LAN の設置者自身にサイバー犯罪などの嫌疑がかけられてしまうことも考えられます。次の 2 つの設定を適

切に実施し，セキュリティを高めることが不可欠です。

　・通信を暗号化する（WPA2，または WPA3 の選択）

　・適切なパスワードを設定する

（1）暗号化の設定

　無線 LAN の電波は傍受されやすいので，通信そのものを暗号化することが不可欠です。アクセスポイントの設定には暗号化の項目がありますので，必ず暗号化を有効にしてください。

　暗号化の方式には，WEP（Wired Equivalent Privacy），WPA（Wi-Fi Protected Access），WPA2（Wi-Fi Protected Access 2），WPA3（Wi-Fi Protected Access 3）などがあります。この順にセキュリティ強度が高くなります。

　なお，WEP には複数の重大かつ深刻な脆弱性が報告されていますので，WEP は使用すべきではありません。また，WPA/WPA2 にも KRACK と呼ばれる強力な攻撃法が知られており，KRACK 対策用のセキュリティパッチが適用されていない場合，送信されるすべてのデータが復号される可能性があります。WPA/WPA2 を利用する場合には，KRACK 対策用のセキュリティパッチを忘れずに適用しましょう。

　暗号化の方式を選択するときは，ご使用になっている機器（子機）がサポートする最も強固な暗号方式を選択しましょう。WPA3-Personal が利用できる場合は WPA3-Personal を，そうでない場合は WPA2-PSK を利用することを推奨します。なお，アクセスポイントで WPA3-Personal 移行モードを有効にした場合，クライアントデバイスが WPA3-Personal を利用できるかどうかを自動判定し，利用できる場合には WPA3-Personal で，そうでない場合は WPA2-PSK で接続します（2021 年 12 月現在）。

（2）パスワードの設定

　暗号化方式を選択した後，パスワードを設定します。このとき，次の点に留意してください。

　・英語の辞書に載っている単語を使わない

　・大文字，小文字，数字，記号のすべてを含む文字列とする

　・文字数は 20 文字以上（半角英数字の場合。最大で 63 文字）が望ましい

③ 公衆無線 LAN を使う際のセキュリティ対策

　公衆無線 LAN を使用する際に最も意識すべきなのは，盗聴による被害です。公衆無線 LAN は不特定多数の人が使うため，通信が暗号化されているとしてもそのパスワードは公開されていることがほとんどで，つねに盗聴の危険に晒_{さら}されているといっても過言ではないでしょう。また，既存のアクセスポイントへの接続設定情報をそのままコピーした偽のアクセスポイントが悪意ある者によって設置されている場合，偽のものと気付かずに接続してしまうと，通信の内容がすべて筒抜けになってしまいます。こうした危険性を理解したうえで，次の２つの対策を心がけてください。

　　・無線 LAN に依存せず通信を暗号化する仕組みを活用

　　・通信する情報を限定する

(1)無線 LAN に依存せず通信を暗号化する

　公衆無線 LAN の暗号化に頼らずに，Web サービス自身の暗号化(SSL/TLS)を使っての通信や VPN(Virtual Private Network)を使っての暗号化通信を推奨します。ブラウザのアドレス欄に「https://」と表示されたり鍵マークが表示されたりしていれば，SSL/TLS 通信だということがわかります。VPN を使う場合は，VPN ソフトウェアやサービスを導入するのが一般的です。

　スマートフォンのアプリを使っている場合，アプリの通信が SSL/TLS なのかはアプリの仕様に依存するため，見た目ではわかりません。不安な場合は，公衆無線 LAN ではアプリを使用しないか，あるいはアプリ開発元にアプリの通信が SSL/TLS に対応しているか否かの確認をすることを推奨します。

(2)通信する情報を限定

　公衆無線 LAN はつねに盗聴の危険性と隣り合わせのため，基本的に，第三者に知られては困る情報は入力したり表示させたりしないことを推奨します。

④ 無線 LAN の設定は難しい？ ─ WPS で自動設定

　無線 LAN のセキュリティ設定は専門的な知識が必要で，難しいといわれてきました。そこで，無線 LAN のセキュリティ設定を簡単に行えるように WPS(Wi-Fi Protected Setup)という仕組みが制定されました。

　WPS に対応した親機と子機同士であれば，複雑なセキュリティ設定項目を

ワンタッチで自動設定でき，簡単かつ安全にネットワークの接続が可能となります。一般家庭では WPS の使用をおすすめします。また，製品によっては，設定を自動化するメーカー独自の方式が使用されている場合もあるので，それを利用してもよいでしょう。

参考)
(IPA)公衆無線 LAN 利用に係る脅威と対策
https://www.ipa.go.jp/security/reports/technicalwatch/201600330.html

多様化する「だまし」の手口

　パソコンやスマートフォン利用者の間で「偽サイトや不審サイトにアクセスして，大事な情報をサイトに入力した。」「不審なアプリをサイトからインストールした。」というトラブル事例が多く確認されています。

　そのような偽サイトや不審サイトへの誘導方法としては，メールや SMS を不特定多数にばらまく方法が従来からの代表的な手口です。しかし最近では，それ以外の方法により偽サイトや不審サイトへ誘導する手口も増えており，「だまし」の手口が多様化しているといえる状況です。たとえば，「スマートフォンのカレンダー機能」「SNS のメッセージ機能」「ブラウザの通知機能」などを悪用してユーザが利用する端末に不審な URL を送り付ける手口があります。これらのどの手口も，基本的には URL リンクをクリック（タッチ）することで被害につながります。URL をクリックさえしなければ被害につながることはありません。

　これらの手口の特徴を知っていれば，実際にそのような場面に遭遇しても，怪しいことに気がつき，被害の発生を防げる可能性が高まります。

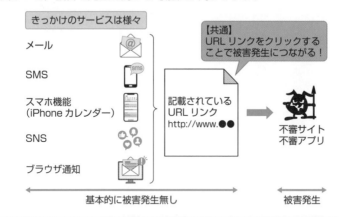

4章

Chapter

組織の一員としての
情報セキュリティ対策

前章では，マルウェアや不正アクセスなど，情報セキュリティを脅かすさまざまなリスクを取り上げ，その対策として個々のユーザができることについて説明しました。

この章では視点を変え，組織のセキュリティ対策について説明します。

組織全体で強固なセキュリティ対策を導入していても，個々のメンバーのセキュリティ意識が低ければ，全体としての効果は上がりません。組織がどのようなセキュリティ対策を行っているか，そして個々のメンバーはそれをどのように遵守していくのかを中心に見ていきましょう。

1 ・組織のセキュリティ対策

　組織は，機密性，完全性，可用性に対する脅威から組織の情報資産を守るために，さまざま対策を行う必要があります。このとき，場当たり的に対策を講じていると，効率が悪いだけでなく，コストが嵩んでしまいます。そこで，限られたコストで最大限の対策ができるように，**情報セキュリティマネジメントシステム**（ISMS：Information Security Management System）の概念を取り入れ，これに沿って体系的かつ系統立てて情報セキュリティに取り組みます。ISMS^{→p.130}とは，情報セキュリティを確保・維持するために，技術的，物理的，人的，組織的な視点からの対策を，経営層を中心とした体制で組織的に行うことです。

　ISMS に沿った取り組みを効率よく，かつ漏れがないように推進するために，PDCA^{→p.131} サイクルが用いられます。PDCA は，Plan（計画），Do（実行），Check（点検），Act（処置）の頭文字を取ったものです。企業や組織の規模や業種，ネットワークやシステムの構成，インターネットの利用形態などによってセキュリティ対策の具体的な内容は異なります。しかし，基本的には，次に示す4つの段階を経て対策を実施します。

　1) 計画（Plan）：組織内の体制を確立し，セキュリティポリシーを策定する。

　2) 実行（Do）：ソフトウェアや機器を導入・設定し，運用する。

　3) 点検（Check）：ネットワーク状況や不正アクセスを監視する。セキュリティ対策が計画通りに行われ，効果が上がっているか評価する。

　4) 処置（Act）：対策の見直しを行い，改善策を施す。

　これらのセキュリティ対策は一度実行すればよい，というものではなく，継続性のあるプロセスであることを認識することが大切です（図4.1）。

① 計画（Plan）　体制の整備とポリシーの策定

■ 組織内の体制を確立する

　最初に必要になるのは，組織内に情報セキュリティ対策を推進するための体制を作ることです。具体的には，情報セキュリティの実施担当者を決め，その役割，権限，責任を定めます。そして，組織全体を通した情報セキュリティに関連する管理系統を定め，実際の部署との対応関係を明確にします。

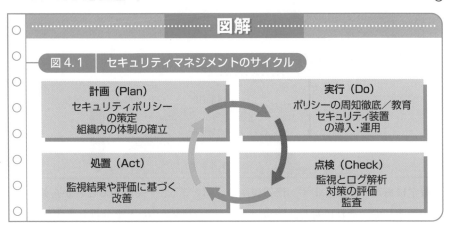

図4.1　セキュリティマネジメントのサイクル

計画（Plan）
セキュリティポリシー
の策定
組織内の体制の確立

実行（Do）
ポリシーの周知徹底／教育
セキュリティ装置
の導入・運用

処置（Act）
監視結果や評価に基づく
改善

点検（Check）
監視とログ解析
対策の評価
監査

　組織でセキュリティ対策を推進するときは，経営陣を頂点とする全社横断的なトップダウン管理体制を構築するべきである，といわれています。それは，次のような理由によります。

　1) 情報セキュリティの最終的な責任は経営陣にある。

　2) 情報セキュリティ対策には費用と工数がかかり，これらリソースの投資を決定するには，経営的な判断が必要となる。

　3) 全体の意思統一を図り，足並みを揃えて対策を実行するには，経営陣のリーダーシップが不可欠である。

　このように，経営陣が情報セキュリティに取り組むことを表明することが，すべての出発点となります。その出発点に立って，誰が何を行い（役割・職務），どのような責任を担うかを明確にし，それぞれの人の配置をして，情報セキュリティのための組織体制を確立していきます。

セキュリティポリシーを策定する

　セキュリティポリシー→p.135は，企業や組織として一貫したセキュリティ対策を行うために，技術的対策だけではなく，利用・運用面，管理面，組織体制をも含めた，企業や組織のセキュリティ方針と対策の基準を示したものです。

　セキュリティポリシーの策定にあたっては，基本方針，対策基準，実施手順という3つの層に分けて考えるとよいでしょう。通常は，基本方針と対策基準の2つをセキュリティポリシーといいます。

　基本方針は，企業や組織のセキュリティ対策の目的や原則を定めた憲法のようなもので，頻繁に更新される性質のものではありません。

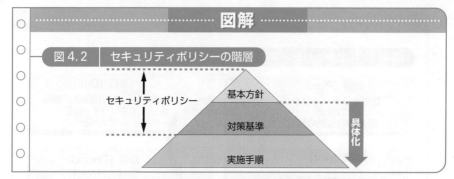

図解

図4.2　セキュリティポリシーの階層

セキュリティポリシー

基本方針

対策基準

実施手順

具体化

　策定にあたっては，まず，情報資産の「何を守るか」を決めることから始めます。そして，それに対し，「どのようなリスクがあるのか」を分析します(リスク分析)。また，責任者と担当者を明確にすることも重要です。ただ，担当者任せでは，情報セキュリティの確保は困難です。情報セキュリティの最高責任者は組織全体の長であることを，経営者は肝に銘じるべきでしょう。また，社員には，セキュリティポリシーの内容を理解して守ることが求められます。

対策基準の立案と手順書の整備

　リスク分析に沿って，具体的な対策基準を立案します。対策基準は，どのような情報資産をどのような脅威からどのようにして守るかをより具体的に定めたセキュリティ対策の基準です。たとえば，ウイルス対策や不正アクセス対策をどのようにして行うか，ある情報に対するアクセス権限を誰に対して認めるか，なども対策基準に含まれます。

　また，セキュリティの堅牢さとユーザの利便性は相反する要素を持っていますので，必要なセキュリティを確保しつつ，どこまで利便性を高められるかがポイントとなります。そのためには，何を守るかというラインをはっきりと決めておかなければなりません。

　実施手順は，いわばマニュアルのようなものです。立案した内容を実際の行動に移せるように，手順書を整備します。手順書は，その性質によって，作成者も内容もさまざまです。そして，現実の変化に対応して，適宜変更していきます。たとえば，メールクライアント利用手順であれば，次のようなものが含まれます。

　　・電子メールソフトの設定内容とその手順
　　・ID，メールアドレス，パスワードの管理

・私的利用や自動転送の禁止

・誤送信を防ぐための手順(送信先には細心の注意を払うなど)

・機密情報の送信に関する注意と手順(機密情報を含むファイルを添付する場合はファイルを暗号化するなど)

・添付ファイルのウイルスチェック，ウイルスに感染したときの対処，不審なメールを受信したときの対処，迷惑メールの対処など

　特に，インシデントが発生したときの対策方針や手順は重要です。二次的な被害を防ぐためにも，緊急時の対策を明確にしておきます。

② 実行(Do) − 導入と運用

■ 導入フェーズ

　実際の運用に入る前に，セキュリティ対策の根本となるシステムの設定を行います。

(1)構築と設定

　ウイルス対策ソフトやファイアウォールなどのセキュリティ装置を導入します。ファイアウォールは，インターネットとの接続点で，外部から内部ネットワークへのアクセスを制御します。(ファイアウォールについては，p.94参照)。これ以外にも侵入検知システム，暗号化通信を導入する場合もあります。

　これらの装置の設定のほかに，OSや各アプリケーションのセキュリティ設定(誰がどのようなアクセス権を持つかの設定など)を行います。

(2)設定における注意点

　セキュリティ設定の誤りも，システムをセキュリティリスクにさらします。メーカーから提供されたままのいわゆるデフォルト設定の状態は，セキュリティの観点からは，リスクがあるままの状態になっていることが多くあります。

　たとえば，不要なサービスを停止し，必要なサービスだけを稼働させることにより，不正侵入されるリスクも低減できます。

(3)脆弱性の解消

　サーバのソフトウェアに脆弱性が報告され，これが周知の状態にあるとき，これらのサーバはインターネット越しに攻撃者の標的となり，侵入やサービス妨害などのリスクにさらされます。

　これを防ぐため，構築・設定の際にはメーカーが提供する最新の修正プログ

ラムを適用します。

(4)レベルに応じたアクセス制御

　企業や組織内には膨大な情報が蓄積されていますが，その機密性や重要度には差があります。また，企業や組織のメンバーも，経験，部署，役職，に応じてそれぞれ異なる役割を持ちます。このため，メンバーごとにアクセスのレベルを設定し，アクセスできる情報の範囲や操作権限などを管理することが必要です。特に，個人情報や機密情報については，アクセスできる人数を最小限にして，厳密なアクセス制御^{→p.133}を適用しなければなりません。

▬▬▬ 運用フェーズ

　構築と設定が終わったら，実際の運用に入ります。運用フェーズにおける対策のポイントを見てみましょう。

(1)セキュリティポリシーの周知徹底とセキュリティ教育

　綿密に練り上げた対策でも，肝心の社員がこれを遵守しなければ絵に描いた餅になってしまいます。セキュリティ教育の一つのポイントは，セキュリティポリシーを周知徹底することです。その際，各人にどのような役割と責任があるかを明確にします。また，セキュリティ対策を実施する上でのルールについても何が許されており，何が禁止されているかを周知します。

　セキュリティ教育のもう一つのポイントは，被害に遭わないようにセキュリティ上の脅威と対策を教えることです。

(2)脆弱性対策

　脆弱性は，日々新たな発見が続いているといっても過言ではありません。設定の際に最新のパッチを適用しても，その後，定期的に(毎日あるいは毎週)メーカーの Web サイト，または IPA セキュリティセンターの Web サイトを参照し，新たな脆弱性が報告されていないかどうかチェックしましょう。脆弱性が公開された場合は，できるだけ速やかにパッチを適用することが肝要です。

(3)異動／退職社員のフォロー

　異動した社員や退職した社員が使用していたアカウントをそのまま残しておくと，そこがセキュリティホールとなります。「侵入者(クラッカー)^{→p.134}は知っている人間だった」というケースが現実には多いのです。退職した社員によって顧客リストが流出したケースは，何件も報道されています。

　退職者のアカウントは，確実に削除しましょう。

③ 点検（Check）－監視と評価

監視と評価

　ネットワークを監視し，異常や不正アクセスを検知します。また，それぞれの社員がポリシーで決められたことを行っているかをチェックリストにより点検する自己点検や情報セキュリティ対策ベンチマークによる自己診断，独立の第三者または組織の内部監査担当者がセキュリティ対策状況を評価する情報セキュリティ監査などを行います。主に，次のことを行います。

- ・通信，不正アクセスの監視
- ・異常検知，不正アクセス検知
- ・脆弱性検査（外部から侵入を試みるペネトレーションテストなど）
- ・自己点検
- ・情報セキュリティ対策ベンチマークによる自己診断
- ・情報セキュリティ監査

　不正アクセスやセキュリティポリシー違反などの異常が検知されたら，迅速に報告と対応を行います。

セキュリティ事故への対応

　十分に対策をしていても，セキュリティ事故の可能性はゼロではありません。このため，計画段階で緊急時対応計画を定め，運用段階で，緊急時対応の訓練をするなどが推奨されます。万一，セキュリティ事故が発生した場合は，セキュリティポリシーに則って，インシデント対応_{→p.133}を進めることが大原則です。

　事故の種類により対応策はさまざまですが，次の点には特に注意が必要です。

- ・被害の状況や範囲を調査し，二次災害を防止する手段を講じること。
- ・原因を特定し，再発防止策を徹底すること。
- ・一連の対応策を記録し，時系列の報告書にまとめること。必要であれば，各種届け出などを行う。
- ・対応窓口を設け，関係する企業や組織と正確な情報を提供すること。

　事故発生後のインシデント対応の姿勢によっては，その企業や組織の倫理感が問われ，ひいては将来的な業績をも左右しかねません。

　常日頃から，適切なセキュリティ対策を行うことはもちろん，セキュリティ事故発生時の対応についても，あらかじめ十分な検討をしておきたいものです。

また，企業や組織の一員としては，セキュリティ事故が起こった場合，いかに行動すべきかを，セキュリティ教育を受ける際に理解しておくべきでしょう。

❹ 処置（Act）－見直しと改善

　事故が発生した場合は，セキュリティポリシーで定めたルールの不備が明らかになることがあります。その場合は，事故の教訓を生かし，セキュリティポリシーを見直し，改善点を検討します。セキュリティ評価での評価結果や分析に基づき，改善をする場合もあります。この見直しの段階を経ることでセキュリティマネジメントのサイクルが1回転し，見直しと改善の結果に基づいて新しいサイクルに入る，つまり新たな計画段階へ進むことになります。

　このように，セキュリティマネジメントのサイクルを回しながら，企業や組織に適した情報セキュリティ対策を高めていくことが重要です。

2 ・従業員としての心得

　このように，組織ではセキュリティポリシーを構築し，それに沿ってセキュリティ対策を進めます。管理者とともに，それを実際に取り扱い，進めていくのが従業員です。従業員ひとりひとりの自覚が組織の情報セキュリティを支える，と言い換えてもよいでしょう。いくら素晴らしいセキュリティポリシーを打ち立てても，従業員がそれを遵守できないのであれば，絵に描いた餅になってしまいます。ここでは，従業員の心得として重要なことをいくつか紹介します。

規則を知り，遵守する

　セキュリティ上のルールは，基本方針，対策基準，実施手順の順に具体化して，記載されています。これらのルールの中で，従業員として守るべきルールを，セキュリティ教育などに参加し，把握しましょう。まず，自分が守るべきルールを知ることが，規則を遵守する第一歩となります。

情報セキュリティ上の脅威とその対策を知る

　多くの組織や企業では，情報セキュリティ教育を定期的に行っています。教育を積極的に受講して，情報セキュリテ上の脅威とその対策を理解しましょう。

「自分だけは……」，「これぐらいなら……」は通用しない

　人間は勝手なもので，情報セキュリティの重要さを認識し，ルールを理解していても，「自分だけは大丈夫だろう」，「これぐらいなら問題ないだろう」とつい考えがちです。セキュリティは最も弱い部分から綻びます。自分自身がそのきっかけを作らないよう，自覚して行動することが必要です。

・必ず上司や管理者に報告・相談しよう

　セキュリティポリシーに記載されていないことや例外的なケースなどが発生することがあります。またルールが守りにくい場合があります（p.23 参照）。このような場合は，自分だけで判断せず，上司または管理者に連絡して対応方法を確認しましょう。人間が行うことですから，ミスや勘違いが起こるのはある程度仕方ありません。誤った対応をした場合は，できるだけ速やかに上司や管理者に報告してください。なかったことにしたり，自分で勝手に考えた対策を施すと，かえって悪い事態となることがあります。

■■■■ 特に，情報漏えいに気を付けよう

　従業員として特に注意したいのが情報漏えいです。従業員のちょっとした気の緩みや怠慢から情報が漏えいするケースが多発しています。情報漏えい対策は特に重要なので，次の「気を付けたい情報漏えい」で詳しく説明します。

Column

コラム　## 情報セキュリティ対策ベンチマーク

　情報セキュリティ対策ベンチマークは，組織の情報セキュリティ対策の実施状況を，自らが評価する自己診断ツールです。経済産業省より公表された情報セキュリティガバナンス推進のための施策ツールを，IPA が自動診断システムとして開発し，2005年8月より IPA の Web サイト上で提供しています。

　このシステムでは，Web ページ上の質問に答えることで，組織の情報セキュリティへの取組状況を ISMS 適合性評価制度（p. 120）よりも簡便に自己評価することが可能です。また，何千件もの実データに基づき，望まれる水準や他社の対策状況と自社の対策状況を比較することができます。

参考)
（IPA）組織の情報セキュリティ対策自己診断テスト
https://www.ipa.go.jp/archive/security/sme/benchmark/about.html

3 ‐•気を付けたい情報漏えい

情報漏えいの経路と原因

　企業や組織は，その業務を遂行するために，大量の情報を取得し蓄積していますので，情報セキュリティ対策では，情報を管理し，情報漏えいを防止することが重要です。特に，2005 年 4 月には個人情報保護法（p.115 参照）が全面施行され，個人情報の取り扱いに一層の注意が必要となりました。

　情報漏えいを防止するには，まず，どのような経路と原因で情報が漏えいするのかを把握しなければなりません。

　情報漏えいの経路として，PC 本体，スマートフォン，タブレット端末，外部記憶媒体（USB メモリなど），紙媒体などに気を付ける必要があります。

　また，p.21 で示したように，情報漏えいの原因は，紛失・置き忘れ，誤操作，管理ミスが約 6 割を占めています。つまり，情報のずさんな取り扱いや不注意などの人為的なミスが情報漏えいの大きな要因となっていることに注目しなければなりません。不要になった書類を捨てる，仕事の続きをするために自宅に業務情報を持ち帰る，といった何気ない行為を見直すことから，情報漏えい対策が始まるのです。

　また 2020 年以降，新型コロナウイルス対策によるテレワークの普及やクラウド利用が加速し，これまで企業の中で一元管理されていた情報が分散し，セキュリティの確保が難しくなってきました。こうした新しい働き方に合わせ，情報漏えいを起こさないための情報管理ルールの策定を行う必要があります。

情報漏えいを防止するための管理的対策のポイント

　私物パソコンは，組織として管理することが難しく，業務で使用することは望ましいとはいえません。しかし，やむをえず私物パソコンを業務に使用する場合は，使用上のルールや管理について定めておくことが重要です。

　また，個人情報や機密情報等を記憶媒体などにコピーして外部に持ち出すことは，情報漏えいのリスクを考えると避けるべきです。しかし，やむをえず持ち出す場合には，持ち出しのルールを決めて，厳重に管理しましょう。

企業や組織の一員としての情報セキュリティ心得

　個々のユーザは，組織や企業の一員として，定められているセキュリティポ

リシーを遵守するとともに，常に情報セキュリティを意識して行動する必要があります。特に，情報漏えいを防ぐために，次の点に注意しましょう。

(1)企業や組織の情報や機器を，許可なく持ち出さない

　会社のパソコン，業務情報を保存した外部記憶媒体(CD，DVD，USB メモリなど)，書類などを持ち出す場合は，許可を得るようにします。

　また，利用者の不注意が原因の紛失・盗難も起こっていますので，許可を得て持ち出す場合でも，書類やパソコンなどの管理は怠らないようにしましょう。

(2)私物のノートパソコンやプログラムなどを，許可なく企業や組織に持ち込まない

　私物のノートパソコンは，本人が知らない間にウイルスに感染していることがあります。また，Web サイトからダウンロードしたり外から持ち込んだプログラムが，ウイルス本体である可能性があります。私物のノートパソコンは許可なく持ち込まない，プログラムは許可なくダウンロードしないようにしましょう。

(3)企業や組織の情報や機器を未対策のまま放置しない

　不特定多数の人たちの目に触れる場所には，書類，機器，外部記憶媒体(CD，DVD，USB メモリなど)を放置しないように注意します。長時間席を離れたり，帰宅するときは，机の上を整理・整頓し，重要な書類や，ノートパソコンを所定の場所に収納します。これをクリアデスクトップポリシーと呼びます。また，離席するときは，パソコンをログオフやシャットダウンしたり，パスワード付きのスクリーンセーバーをオンにするようにします。これをクリアスクリーンポリシーと呼びます。印刷した書類をプリンタに放置するということもないように気を付けましょう。

(4)企業や組織の情報や機器を未対策のまま廃棄しない

　情報や機器を安易に廃棄してしまうと，情報漏えいにつながることがあります。パソコンやハードディスクを破棄する際に，ファイルを削除しただけでは復元される可能性がありますので，暗号技術を利用したデータ抹消方法(暗号化消去)や専用のソフトウェアなどを使用してデータを完全に抹消します。また，重要な書類を廃棄する場合はシュレッダーで裁断するなどの措置が必要です。

(5)個人に割り当てられた権限を他の人に貸与または譲渡しない

　企業や組織では，情報や機器を利用する担当者には利用者権限(ID やパスワード)が与えられています。これらの ID やパスワードを共有したり，貸し借りしたりすることは，厳に慎むべきです。軽い気持ちで ID やパスワードを教え

てしまったために，情報セキュリティ上重大な問題を引き起こしてしまうということもあるのです。

(6)業務上知り得た情報を公言しない

業務上の情報は，何気ない日常の行為から意図せず漏えいしてしまうことがあります。次のような行為は慎むようにしましょう。

・居酒屋で，仕事の話や上司の悪口を大声でしゃべる
・出張時や帰宅時の車内で，パソコンで仕事をしたり，資料をレビューする
・業務に無関係のブログや電子掲示板に，仕事の話をアップする

→p.139　→p.136

(7)情報漏えいを起こした場合は速やかに報告する

何らかの誤りで情報漏えいを起こしたり，情報漏えいを発見した場合は，速やかに上司や管理者に報告します。また，企業や組織においては，情報漏えいなどのインシデントが発生することを想定し，その対応について十分な検討と訓練を行っておく必要があります。

Column
コラム　ソーシャルエンジニアリングに注意

次のような方法で，巧みに情報を引き出そうとするケースがあります。

・外部から電話で，友人と称して，休みの人の連絡先や仕事の内容を聞かれた
・システム管理者を名乗る人から電話があり，利用者IDやパスワードを聞かれた
・上司や役員を名乗る人からの電話があり，利用者IDやパスワードを忘れたので，至急教えるようにいわれた

このようなケースは，ソーシャルエンジニアリングを用いたアプローチです。ソーシャルエンジニアリングとは，ネットワークの技術やコンピュータ技術を用いずに，人間の心理や社会の盲点を突いて，パスワードなどの機密情報を入手する方法のことです。ソーシャルエンジニアリングは，ソーシャルワーク，ソーシャルハッキング，ソーシャルクラッキングと呼ばれることもあります。

企業や組織，社員に関する情報，ID，パスワードなどを電話で伝えるようなケースは通常ありえません。少しでも不審な点がある場合は，自分で対応せず，必ず管理者に連絡してください。

4 ─•テレワークのセキュリティ

▰ テレワークとは

　テレワークとは，「tele＝離れた所」と「work＝働く」をあわせた造語で，情報通信技術を活用した，場所や時間にとらわれない柔軟な働き方のことです。リモートワークと呼ばれることもあります。

　一般財団法人日本テレワーク協会では，自宅利用型テレワーク（在宅勤務），移動中や移動の合間に行うモバイルワーク，サテライトオフィスやコワーキングスペースといった施設利用型テレワークのほか，リゾートなど休暇を楽しめる地域で行うワーケーションも含めてテレワークと総称しています。

　テレワークにより通勤時間が削減されることで家族や自分のために時間を有効活用できたり，育児や介護も仕事と両立させたりすることができ，多様な働き方が可能となりました。企業・組織も働き方改革の実現，優秀な人材の確保ができるだけでなく，コストの削減や事業継続性の確保といったプラスの効果が期待されています。特に新型コロナウイルス感染症パンデミックでは，感染拡大防止のため人々の移動を制限する必要があり，テレワークが急速に拡大しました。

▰ テレワークのセキュリティ脅威

　テレワークでは，端末や通信手段などの機器とそれを利用する場所が必要です。職場環境では業務で使用する機器や作業場所は企業・組織が準備し，就業者が安全な状態で利用できるよう管理されていましたが，テレワークでは，機器・場所の準備と管理のすべて，あるいは一部を就業者自身が実施しなければなりません。就業者はまた，テレワークにおけるセキュリティの脅威やリスクを理解し，安全確保のための対策を取らなければなりません。

　端末には，盗難や紛失，ウイルス感染や情報漏えいといった脅威があります。通信手段では，機器の脆弱性をついた攻撃や盗聴だけでなく，帯域圧迫による遅延やネットワーク障害など業務に支障が出る脅威があります。作業場所については，移動中や公共の場所である場合，のぞきや会話の盗聴といった脅威がありますが，自宅においてもプライバシーの侵害といった脅威があります。

　また，テレワークのために職場環境から電子媒体や紙などで情報を持ち出す

こともあり，これらを誤って紛失，流出させることにも注意が必要です。

　テレワークでは，機器が会社支給されず，個人所有の機器(BYOD)を利用する場合があります。この場合，セキュリティツールのインストールや設定変更は就業者が個人の責任で実施する必要があります。また，個人的な利用を制限できないため，業務で使用が許可されていないソフトウェアの利用やサイトの閲覧などが可能になりがちです。そのため職場環境と同レベルのセキュリティが確保されずに攻撃を受け，その際の検知や対処も個人では十分な対応ができず，社内のシステムに侵入されるなど，業務に大きな影響を与える恐れがあります。

安全にテレワークを行うために

　テレワーク実施の際の安全対策については，企業・組織からの指示があればそれに従うのが第一ですが，具体的な指示がなくても最低限の対策は実施しましょう。IPA では「日常における情報セキュリティ対策」として，「修正プログラムの適用」「セキュリティソフトの導入および定義ファイルの最新化」「パスワードの適切な設定と管理」「不審なメールへの注意」「USB メモリ等の取り扱いの注意」「社内ネットワークへの機器接続ルールの遵守」「ソフトウェアをインストールする際の注意」「パソコン等の画面ロック機能の設定」を挙げています。

　テレワークにおいても上記の対策を徹底してください。特に端末・通信機器のアップデート，無許可のアプリケーションやクラウドサービスの利用回避，Web 会議サービスの設定確認，インシデント時の連絡方法の確認などを行いましょう。また，公共の場でテレワークを行う際は画面ののぞき見，会議の話し声が周りに聞こえていないか，安全な公衆 Wi-Fi の利用，データ／ファイルだけでなく紙書類等の管理についても注意しましょう。

5 ・終わりのないプロセス

　セキュリティ対策は，一度対策を導入しさえすればよい，という単純なものではありません。それぞれのセキュリティリスクに対応する対策を，計画段階でうまく配備し，運用し，各過程での教訓をフィードバックする一連のプロセスが必要なのです。

　また，情報セキュリティの確保といえば，技術的な対策に力が入りがちです。もちろん，技術的な対策は必須ですが，セキュリティポリシーを確立して適切に運用したり，社内での教育や従業員への徹底など，管理面での対策も非常に重要です。技術的対策と管理的対策はクルマの両輪のように，どちらも必要不可欠であり，相互補完的な関係にあるといえましょう（図4.3）。

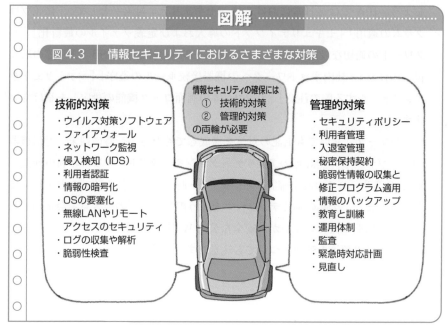

図解

| 図4.3 | 情報セキュリティにおけるさまざまな対策 |

情報セキュリティの確保には
① 技術的対策
② 管理的対策
の両輪が必要

技術的対策
・ウイルス対策ソフトウェア
・ファイアウォール
・ネットワーク監視
・侵入検知（IDS）
・利用者認証
・情報の暗号化
・OSの要塞化
・無線LANやリモート
　アクセスのセキュリティ
・ログの収集や解析
・脆弱性検査

管理的対策
・セキュリティポリシー
・利用者管理
・入退室管理
・秘密保持契約
・脆弱性情報の収集と
　修正プログラム適用
・情報のバックアップ
・教育と訓練
・運用体制
・監査
・緊急時対応計画
・見直し

　なお，情報や情報システムの取り扱いに関しては，関連する法令で規定されていることがあるため，セキュリティポリシーのほか関連法令等を遵守するのは，当然のことといえます。情報セキュリティ関連の法規と制度については，第6章を参照してください。

5章

Chapter

Information
Security
Reader

もっと知りたい
セキュリティ技術

情報セキュリティは，さまざまな
技術の上に成り立っています。個々
の技術を知ることにより，情報セキ
ュリティに対する理解も深まります。

この章では，パスワード，攻撃方
法，ファイアウォール，暗号化とデ
ィジタル署名を取り上げて，セキュ
リティ技術の基本を説明します。

1 —•アカウント, ID, パスワード

　ネットワークやシステムは，誰にでも利用（アクセス）することを認めている
わけではありません。利用できるユーザを限定するとともに，ユーザによって
利用できる範囲（権限）を決めています。

　この利用権限のことを**アカウント**[→p.133]と呼びます。システムから見ると，ユーザに
利用権限を与えるための口座がアカウントです。

　ID[→p.130]は個人を識別するための符号です。システムはIDを使用して，どのユー
ザが接続してきているのかを知ります。そして，**パスワード**は，正しいユーザ
（本人）であることを示す認証情報となります。

① パスワードの重要性

　実社会では，顔を見たり，声を聞いたりするなど，本人を判断する材料がた
くさんありますが，ネットワークでは電子的なデータの流れしかないので，ユー
ザが誰であるのか，それが本人であるかどうかを確認する手段は非常に限定
されます。したがって，このIDとパスワードはきわめて大きな意味を持ちま
す。正しいパスワードを入力した人を本人と認めるのは，「**パスワードは本人し
か知らない**」という大原則に基づいています。

　この原則が崩れたとき，つまり，パスワードが漏えいした瞬間からシステム
やネットワークが脅威にさらされることになります。悪意のあるユーザがパス
ワードを盗用し，その本人になりすまして不正アクセスを行うからです。パス
ワードはシステムやネットワークの扉を開く鍵に相当しますので，パスワード
を盗用された本人だけでなく，システム全体，ネットワーク全体に被害が広が
る可能性もあります。また，正しいパスワードを使用しているので，不正行為
を暴くのも難しくなります。

② パスワードクラッキング

　では，どうしてパスワードが漏えいするのでしょうか。本人が紙に書いてパ
ソコンに貼っていた，などというのは論外として，これだけ価値の高い重要な
ものなので，クラッカーがさまざまな手段を使って，執拗に入手を試みている

のです。これをパスワードクラッキング^{→p.137}(password cracking)と呼びます。パスワードクラッキングの方法には，表5.1のようなものがあります。

表5.1　パスワードクラッキング

方　法	説　明
ブルートフォース攻撃	・特定のIDに対し，パスワードとして使用可能なすべての文字列を組み合わせてログインを試みる。 ・連続認証失敗によるアカウントロックがない場合，時間はかかるが認証を突破できる可能性がある。
リバースブルートフォース攻撃	・複数のIDに対し，特定のパスワードを用いてログインを試みる。 ・特定のIDに連続してログインを試みないため，アカウントロックを回避する。
辞書攻撃	・人名や辞書に載っている英単語など，よく使われそうな文字列を用いてログインを試みる。 ・ランダムな文字列は覚えにくいため，何らかの意味のある人名や単語を使いたがるという人の心理を利用している。
パスワードリスト攻撃	・攻撃者が事前に入手してリスト化したIDとパスワードの組み合わせを利用してログインを試みる。 ・同じIDとパスワードを複数のサービスで使い回したり，推測されやすい文字列を使用していると攻撃を受けるリスクが高まる。
その他 パスワード窃取等	・フィッシング詐欺により，IDとパスワードを騙し取る。 ・システム管理者などになりすまし，「システムに障害が発生し，現在修復しています。確認のため，パスワードを教えてください」などと，ことば巧みにパスワードを聞き出す。 ・ウイルスに感染させ，パスワードを盗み取る。 ・インターネットサービスサイトに侵入し，IDとパスワードを盗み取る。 ・ネットワーク上を流れるデータを監視し，特殊なセッション(たとえば，ログインセッション)などから，パスワードを抽出する。

③ パスワードを保護するための対策

パスワードを保護するには，ユーザは次の点を守ることが必要です。

・強度が高い(推測しにくい)パスワードを使用する

・パスワードは適切に保管・利用する

・パスワードは絶対に人に教えない

・パスワードの使い回しをしない

■ 強度が高い(推測しにくい)パスワードを使用する

推測しやすいもの(生年月日，愛称，電話番号など)や，辞書に載っている単語，よく使われるフレーズは避け，できるだけ長くします。アルファベット，数字，記号，大文字／小文字を混ぜると強度が上がります(図5.1)。

パスワードは適切に保管・利用する

　強度が高い複雑なパスワードは，記憶するのが大変です。その場合は，紙にメモしても構いませんが，ID とパスワードは別々の紙にメモするなどして保管してください。Web ブラウザに記憶して保管することはおすすめしません。

　また，インターネットカフェなどの不特定多数が利用するパソコンでは，オンラインサービスにログインしないようにしましょう。パスワードを盗むウイルスが仕掛けられているかもしれません。

図解

| 図5.1 | 推測しにくいパスワードの付け方 |

■大文字・小文字・数字・記号をできるだけ多くの種類組み合わせる
■長いパスワード（10 文字以上）
■推測しづらく自分が忘れないパスワード（コアパスワード）
　例：パスフレーズによる設計（日本語フレーズをもとに変換）

　　　日本語フレーズ　　　　　パスワード
　　　リンゴが好き　→　ringogasuki

■コアパスワードに，サービス毎に異なる識別子を付加
　例：A銀行　→　識別子　A-GIN
　　　B銀行　→　識別子　B-GIN
　例：コアパスワードに識別子を付加
　　　A銀行のパスワード　ringogasukiA-GIN
　　　B銀行のパスワード　ringogasukiB-GIN

パスワードは絶対に人に教えない

　キャッシュカードの暗証番号と同様に，パスワードはたとえシステム管理者からでも問われることはありません。また，同僚や友人とアカウントの貸し借りなどは，一時的なことであっても厳に慎むべきです。

　一方，システム管理者は，強度の高いパスワードを設定するためのガイドラインを作成したり，パスワードファイルがクラッキングされないように，セキュリティホールを常に排除しておくことが必要です。

パスワードの使い回しをしない

　複数のオンラインサービスに同じ ID やパスワードを設定する，いわゆる，使い回しの行為をしていると，一つのオンラインサービスで情報漏えい事件があ

った場合，他のオンラインサービスに不正ログインされるなど，漏えいしたパスワードを不正使用される危険性があります。パスワードの使い回しはやめましょう。

④ さまざまな認証方式

パスワードは，情報資源にアクセスする人間が本人であることを確認する手段です。この手段を認証^{→p.136}といいます。認証には３つの方法があります。

1) 本人しか知らない知識を入力する者を本人とみなす方法。

2) 本人固有の持ち物をもって本人を確認する方法。

3) 本人の身体的特徴や行動的特徴をもって本人を確認する方法。

1)の方法がパスワードによる認証であり，多くのシステムで利用されています。

2)の方法には，ワンタイムパスワードトークン^{→p.141}やスマートカード(ICカード)^{→p.135}などを使う方式があり，とりわけPKI^{→p.131}(Public Key Infrastructure：公開鍵暗号インフラストラクチャ)と親和性が高いものが普及しつつあります。

3)の方法は，指紋などの身体的特徴や署名などの行動的特徴を使うバイオメトリック認証^{→p.137}と呼ばれています。

上記の複数の方法を組み合わせたものを，多要素認証と呼びます。たとえば，1)と2)を組み合わせたものであれば，パスワードを入力した後に，さらにトークンに表示されているワンタイムパスワードの入力を求められたりします。インターネットバンキングなど不正アクセスの被害が甚大になるようなシステムに多く使われています。

5

もっと知りたいセキュリティ技術

2—●攻撃手法

前項では，パスワードクラッキングをとりあげました。これは，許可されていないシステムに侵入するための攻撃手法の一つです。ここでは，外部からの侵入を，事前調査，権限取得，不正実行，後処理の4つの段階に分け（図5.2），各段階でどのような不正行為が行われるかについて説明します。

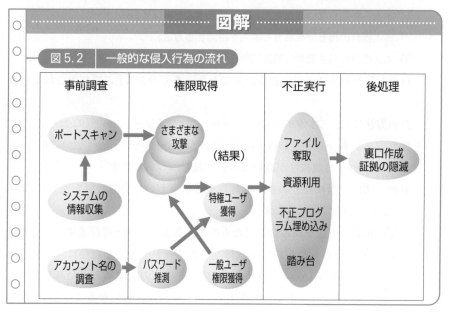

図解

| 図5.2 | 一般的な侵入行為の流れ |

事前調査　　　権限取得　　　不正実行　　　後処理

ポートスキャン → さまざまな攻撃 →（結果）

ファイル奪取

裏口作成
証拠の隠滅

システムの情報収集

資源利用

不正プログラム埋め込み

特権ユーザ獲得

アカウント名の調査 → パスワード推測 → 一般ユーザ権限獲得

踏み台

① 事前調査

　クラッカーたちはターゲットにする会社や組織を見つけると，侵入の糸口をつかむために，まず，そのシステムについて詳しく調べ，システム情報を収集します。

　システム情報とは，具体的には，IP アドレス[→p.130]，サーバ名，サーバソフトウェア，OS（p.19 参照）の種類・バージョン，提供されているサービス，侵入検知システム[→p.135]などに関する情報です。

　システム情報を入手するためには，手がかりとして，公開されている Web

サイトなどを使います。また，通信に使用するポートの状態を調べ，開かれているポートや提供されているサービスを調べるのも常套手段で，これを**ポートスキャン**^(→p.139)(port scan)と呼びます。

　IP アドレスはインターネット上のアドレスですが，現実の世界にたとえれば，IP アドレスはマンションの住所のようなもので，ポートは，マンションの部屋番号にあたります(ポートについては，p.88 参照)。ポートスキャンは，マンションの部屋ごとに鍵がかかっているかどうか調べていき，鍵がかかっていない部屋に侵入するような行為と考えてよいでしょう。

② 権限取得

　次に，ツールなどを使用して，パスワードを強引に解読し，操作や処理を実行するための権限を不正に取得します。これが前項で説明したパスワードクラッキングです。

　ID やパスワードを不正に入手することで，一般ユーザ権限や特権ユーザ権限など，情報にアクセスする権限を獲得します。特に特権ユーザには，情報の読み込み・書き込み・変更・削除などあらゆる操作が許されているので，この権限を奪われると，あらゆる不正行為が可能になります。

③ 不正実行

　次に，実際の不正行為を行います。情報の盗みだし，盗聴，改ざん，なりすまし，破壊，不正プログラムの埋め込み，踏み台など，その内容は多岐にわたります。不正行為の種類については，p.16「表 2.1　不正行為の種類」を参照してください。

④ 後処理

　不正行為を行った後は，ログ^(→p.141)の消去などにより，侵入の形跡を消す証拠隠滅工作を行います。また次回に侵入するのを容易にするための裏口作成を行います。裏口とは，管理者に気づかれないような侵入経路であり，**バックドア**^(→p.137)(back door)ともいいます。

5

もっと知りたいセキュリティ技術

3 ─●脆弱性を悪用する攻撃

① ポートと脆弱性

　ここで，ポートについて簡単に説明しましょう（図5.3）。ポートとは，インターネットにおいて特定のサービスへ通信させるための入口です。また，ポートを認識する番号のことをポート番号と呼びます。ポート番号は，0から65535まで指定することができ，番号によって提供されるサービスが異なります。ポートは，設定により開いたり閉じたりできます。ポートを開くとそのポートを使うサービスを提供できます。ポートを閉じるとそのサービスは提供できなくなります。

　たとえば，Webページの公開用には，Webサービスを提供するためのプロトコルである HTTP（HyperText Transfer Protocol）を使用します。HTTPは，80番というポート番号が割り当てられていて，80番ポートを開けておかないとWebページを見せることができません。また，メールの受信用には，メールソフトからメールサーバにメールを取りに行くためのプロトコルである POP（Post Office Protocol）を使用します。POPは，110番というポート番号が割り当てられています。

　ネットワークへの通信時に脆弱性のあるソフトウェアを使っていると，その脆弱性を悪用した不正アクセスや，ウイルスの侵入を許してしまいます。

　たとえば，2017年6月に世界的に流行した WannaCry と呼ばれるウイルスが悪用したのはWindowsのサーバ・メッセージ・ブロック（SMB：Server Message Block）というサービスに存在する脆弱性でした。SMBとは，ネットワーク上で，ファイルやプリンタを共有するためのサービスで，445番ポートを使います。WannaCryは，ネットワーク上で445番ポートが開いているコンピュータを探し出し，そこから侵入します。侵入後は，脆弱性を悪用して，コードを実行することにより，コンピュータにウイルスを感染させます。

　そこで，「使わないポートは閉じておく」というのが有効なセキュリティ対策になります。そして，ソフトウェアメーカーからセキュリティパッチが出たら，できるだけ早くパッチを適用するのが自衛策となります。

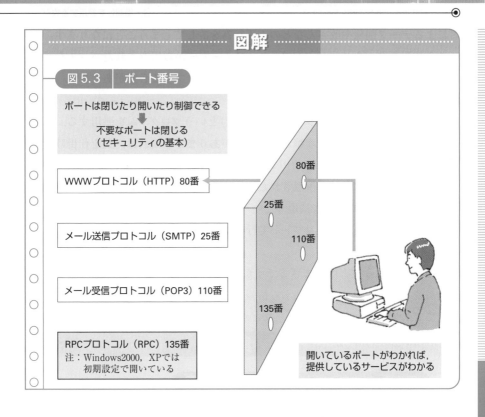

図解

図5.3 | ポート番号

ポートは閉じたり開いたり制御できる

不要なポートは閉じる
（セキュリティの基本）

WWWプロトコル（HTTP）80番

メール送信プロトコル（SMTP）25番

メール受信プロトコル（POP3）110番

RPCプロトコル（RPC）135番
注：Windows2000，XPでは
　　初期設定で開いている

80番

25番

110番

135番

開いているポートがわかれば，
提供しているサービスがわかる

② 脆弱性を悪用する攻撃

それでは，脆弱性を悪用する攻撃について見ていきましょう。ここでは，バッファオーバーフロー攻撃（buffer over-flow attack），クロスサイトスクリプティング攻撃（cross site scripting attack），SQL インジェクション攻撃（SQL injection attack），DNS キャッシュポイズニング（DNS cache poisoning）の脆弱性を悪用した攻撃について説明します。

■■■ バッファオーバーフロー攻撃

コンピュータのメモリには，入力されたデータを一時的に蓄えておくバッファという領域があります。このバッファに大量のデータを送り込まれると，バッファがあふれ，プログラムが停止したり，誤動作したりする可能性があります。この脆弱性を悪用するのがバッファオーバーフロー攻撃です。

このような攻撃を受けると，システムを操作する権限が奪われ，遠隔の第三

者によるデータ削除や改ざんなどの不正行為を許してしまうことになります。

　この攻撃を防ぐためには，ソフトウェアメーカーから用意されたパッチを適用するか，対策済みのバージョンにバージョンアップする必要があります。

■■■ クロスサイトスクリプティング攻撃

　Web サイトで実行されるスクリプト(script)というプログラムを悪用する，クロスサイトスクリプティング攻撃というものがあります。これは，罠を仕掛けたWeb サイトでユーザがうっかりリンクをクリックすると，別の脆弱な Web サイトに強制的に飛ばされ，用意されたスクリプトがユーザのコンピュータ(ブラウザ)上で実行されて，被害に遭うというものです(図 5.4)。サイト(Web ページ)を横断(クロス)してスクリプトが実行されるので，クロスサイトスクリプティングと呼ばれています。

　この攻撃による被害はさまざまですが，Cookie(クッキー)と呼ばれるファイルが読み取られ，ユーザに関する情報が盗まれる，フィッシング詐欺に利用されてアカウント情報が盗まれる，などがあります。

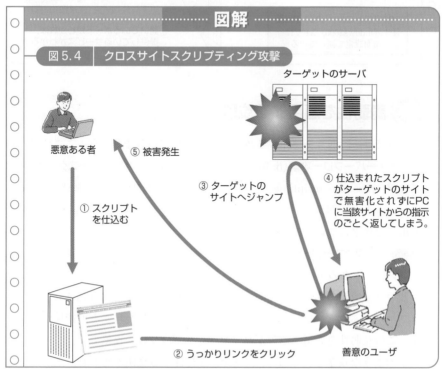

図解

図 5.4　クロスサイトスクリプティング攻撃

ターゲットのサーバ

悪意ある者

⑤ 被害発生

③ ターゲットの
サイトへジャンプ

④ 仕込まれたスクリプトがターゲットのサイトで無害化されずにPCに当該サイトからの指示のごとく返してしまう。

① スクリプト
を仕込む

② うっかりリンクをクリック

善意のユーザ

Cookie の情報にはユーザ ID やパスワードなどが含まれている場合もありますので，クロスサイトスクリプティングでこれらの情報が盗みだされ，オンラインショッピングで不正に買い物をされるなどの被害を受ける可能性があります。

SQL インジェクション攻撃

Web アプリケーションでデータを表示するとき，システム内のデータベースに問い合わせを実行し，その結果として得られたデータを表示することがあります。このとき，データベース内のレコードの操作に使用されるのが SQL 文です。

不正なコマンドなどを SQL 文に埋め込むことにより，レコードを不正に操作する SQL インジェクション攻撃というものがあります。SQL 文に不正なコマンドを「注入(Injection)」されることから，「SQL コマンドインジェクション」などとも呼ばれます。

SQL インジェクション攻撃を受けると，レコードに含まれる情報が改ざん，消去されたり，情報が漏えいしたりするなどの被害が生じます。実際に，インターネット上でサービスを提供している多くの Web サイトで，SQL インジェクション攻撃により個人情報が盗み出されたり，Web ページを改ざんされ，ウイルスを埋め込まれたといった被害が発生しています。

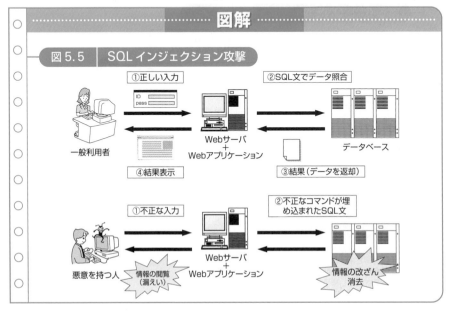

図解

図 5.5　SQL インジェクション攻撃

①正しい入力　②SQL 文でデータ照合

一般利用者　Web サーバ＋Web アプリケーション　データベース

④結果表示　③結果（データを返却）

①不正な入力　②不正なコマンドが埋め込まれた SQL 文

悪意を持つ人　情報の閲覧（漏えい）　Web サーバ＋Web アプリケーション　情報の改ざん　消去

　Web アプリケーションの管理者にとって，このような攻撃を未然に防ぐためにも，脆弱性を解消しておくことは非常に大切です。

DNS キャッシュポイズニングの脆弱性を悪用した攻撃

　企業や家庭に限らず，インターネット接続には DNS(Domain Name System)サーバが必ず利用されています。インターネット上のアドレスである IP アドレスは，たとえば，「192.0.2.0」のように数字で表されます。これをわかりやすい文字列にしたのがドメイン名で，www.ipa.go.jp のように表記されます。IP アドレスをドメイン名に変換する名前解決の仕組みを DNS といい，このサービスを提供するのが DNS サーバです。

　DNS サーバには，検索した IP アドレスを一定期間記憶(キャッシュ)する仕組みがあり，DNS キャッシュサーバはその役割を担います。DNS キャッシュサーバに DNS キャッシュポイズニングの脆弱性があり，これを悪用した攻撃が行われると，ドメイン管理情報(IP アドレスとドメイン名の対応)を勝手に書き換えられて，インターネットの利用者はホスト名に対する正規の IP アドレスに接続できなくなります。その結果，偽の Web ページに誘導され，パスワー

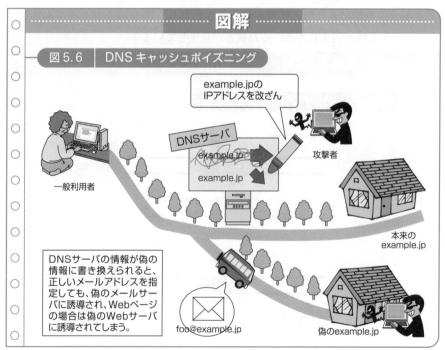

図解

図 5.6 ｜ DNS キャッシュポイズニング

example.jp の
IP アドレスを改ざん

DNS サーバ

example.jp
example.jp

攻撃者

一般利用者

本来の
example.jp

DNS サーバの情報が偽の情報に書き換えられると、正しいメールアドレスを指定しても、偽のメールサーバに誘導され、Web ページの場合は偽の Web サーバに誘導されてしまう。

foo@example.jp

偽の example.jp

ドやクレジットカード番号などの情報を盗まれる可能性があります。また，電子メールが偽の宛先へ送付され，メールの盗聴・改ざんを受ける可能性があります。

　これらの脅威は，実際に被害を受けている場合でも，利用者から見れば正常な場合と見分けがつかないため気付くことが困難，という特徴があります。DNS サーバの管理者は，自組織が管理している DNS サーバの脆弱性調査を行い，脆弱性がある場合は，DNS サーバへのパッチ適用や設定変更の至急の実施が必要です。

　DNS キャッシュポイズニングの脆弱性を悪用した攻撃には，DNS amp 攻撃というものがあります。DNS amp 攻撃は，DDoS 攻撃の一種で，ボットと組み合わせて仕掛けられます。不適切な設定の DNS キャッシュサーバに対して，送信元を偽装した DNS クエリ(IP アドレスとドメイン名の対応を尋ねる問い合わせ)を送り，ボットからのデータをその何十倍にも増幅して攻撃対象に送信し，攻撃対象をサービス不能状態にします。

　DNS キャッシュサーバの管理者はこのような攻撃に加担しないよう，DNS サーバのサービスの提供範囲を適切に設定し，本来サービスを提供するべき対象にのみ応答を返すようにすることが必要です。

4 ・ファイアウォール

ファイアウォール[→p.138]は、直訳すれば「防火壁」。文字どおり、ネットワーク（LAN）をインターネット上のさまざまな脅威から守る鉄の扉といえます。

ここでは、ファイアウォールについて詳しく見ていくことにします。

① ファイアウォールとは?

LAN をインターネットに接続するためには、ルータという機器を使用します。しかし、単に接続しただけでは、LAN そのものや LAN に接続されている各コンピュータが、インターネットから素通しになってしまいます。これでは、インターネット上に組織内のシステムを野ざらしにするようなものです。

そこで、インターネットと LAN との間に、

・外部との出入り口を絞り、

・LAN の内部構造を LAN の外部からは見えないようにし、

・外部からの不正なアクセスを排除しつつ、

・必要なアクセスだけを通過させる、

という仕組みが必要になります。このような仕組みをアクセス制御といいます。そして、インターネットと内部ネットワークの境界線上で、アクセス制御を行う装置がファイアウォールなのです。

② パケットフィルタリング,アプリケーションゲートウェイ,プライベートアドレス

ファイアウォールの基本的な機能に、パケットフィルタリングがあります。また、高機能なファイアウォールは、アプリケーションゲートウェイという、より詳細にアクセスを制御する機能も備えています。

さらに、内部ネットワークにプライベートアドレスを割り当て、アドレス変換技術を使用して、セキュリティを保ちながら、外部へのアクセスを可能にするケースもあります。

■■■ パケットフィルタリング

インターネットや社内 LAN などの TCP/IP[→p.132] ネットワークでは、データはパケット[→p.137]と呼ばれる単位で伝送されます。各パケットにはヘッダが付いていて、ヘ

ッダには，送信元 IP アドレス，相手先 IP アドレス，送信元ポート番号，相手先ポート番号，パケットの連番などの情報が含まれています。パケットフィルタリングとは，パケットの持つこれらの情報に基づいて，ファイアウォールを通過させるパケットと通過させないパケットを選別する(アクセス制御する)仕組みです(ポートについては p.88 参照)。

　通常は，通過を許可するパケットだけを指定し，それ以外のパケットは拒否する，という方針を設定します。

■■■ アプリケーションゲートウェイ ■■■

　アプリケーションゲートウェイは，HTTP(HyperText Transfer Protocol)，^{→p.130}FTP(File Transfer Protocol)，POP(Post Office Protocol)，SMTP(Simple Mail Transfer Protocol)などのアプリケーションプロトコルに基づいてアクセス制御を行います。たとえば，HTTP は通すが，FTP は通さないなど，プロトコルごとに制御ができます。

　また，アプリケーションゲートウェイでは，ユーザやグループ，実行するコマンドなどに基づいて詳細なアクセス制御が可能です。

■■■ プライベートアドレスの割り当て ■■■

　インターネットに接続するどの機器にも IP アドレスが割り当てられます。IP アドレスは世界中を通してただ1つとして同じものは他になく，機器と IP アドレスは1対1に対応します。これをグローバルアドレスと呼びます。

　ところが，インターネットの爆発的な普及にともない，IP アドレスの不足が心配されるようになりました。そこで，組織や会社内の閉じられた空間だけで通用する IP アドレスが利用されるようになりました。これが，プライベートアドレスです。

　プライベートアドレスは，グローバルアドレスの不足を補うだけでなく，セキュリティ面での利点もあります。プライベートアドレスに対しては，インターネットからアクセスされることがないからです。

　ただし，プライベートアドレスのままではインターネットにアクセスができないので，次に説明するネットワークアドレス変換などといった技術を使用します。

③ ネットワークアドレス変換（NAT）

ネットワークアドレス変換（NAT：Network Address Translation）は，内部ネットワークからインターネットにアクセスする際に，プライベートアドレスをグローバルアドレスに変換するアドレス変換技術です。内部のプライベートアドレスとグローバルアドレスを1対1に対応させます。

また，ポート番号も変換することにより，1つのグローバルアドレスに対し，複数のプライベートアドレスを割り当てるネットワークアドレス・ポート変換（NAPT：Network Address Port Translation）という技術もあります。NAPTは，IPマスカレードと呼ばれる場合もあります。

いずれも，アクセス先には，割り当てられたグローバルアドレスが表示されるので，内部情報を隠蔽した状態で，外部（インターネット）へのアクセスが可

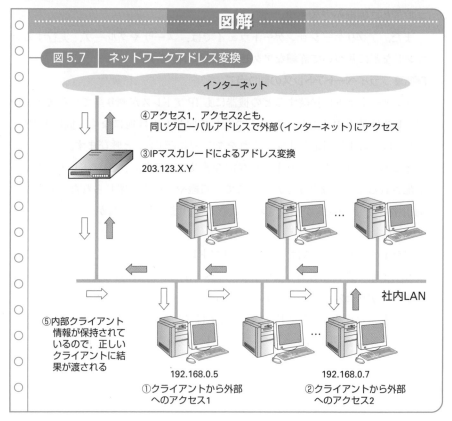

図解

| 図5.7 | ネットワークアドレス変換 |

インターネット

④アクセス1，アクセス2とも，
同じグローバルアドレスで外部（インターネット）にアクセス

③IPマスカレードによるアドレス変換
203.123.X.Y

社内LAN

⑤内部クライアント
情報が保持されて
いるので，正しい
クライアントに結
果が渡される

192.168.0.5

192.168.0.7

①クライアントから外部
へのアクセス1

②クライアントから外部
へのアクセス2

能になります。また，インターネットから直接グローバルアドレスにアクセスしてきても，内部のクライアントまでは通さないので，内部を保護します。

④ DMZ（DeMilitarized Zone：非武装地帯）

ファイアウォールの構成としては，DMZ ^{→p.129}を設けることが一般的になっています。DMZとは，外部のネットワークと組織内ネットワークの中間に位置する緩衝地帯で，DeMilitarized Zone（非武装地帯）の頭文字を取って，DMZ（ディーエムゼット）と呼ばれます。

インターネットはいわば無法地帯でさまざまなパケットが飛び交っています。それに対して内部ネットワークは，外部から許可なくアクセスできないように，ファイアウォールで守られています。

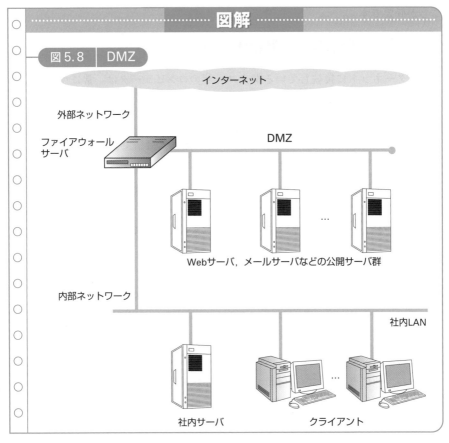

図解

| 図5.8 | DMZ |

インターネット

外部ネットワーク

ファイアウォール
サーバ

DMZ

Webサーバ，メールサーバなどの公開サーバ群

内部ネットワーク

社内LAN

社内サーバ　　　　クライアント

Web サーバ，Mail サーバ，DNS^{→p.130} サーバなどは，インターネットに公開されるサーバですので，外部より頻繁にアクセスされ，不正アクセスされる可能性も高くなります。そこで，これらのサーバを内部ネットワークではなく DMZ に置くようにします。

⑤ ファイアウォールの落とし穴

ファイアウォールというとセキュリティの切り札というイメージがありますが，万全ではありません。たとえば，DDoS 攻撃やウイルスに対しては防御できないこともあります。また，パケットフィルタリングなどの設定を誤ると，本来の機能を発揮しなくなります。

ファイアウォールを過信せず，あらゆる面で必要なセキュリティ対策を行うことが肝要です。

⑥ パーソナルファイアウォール

インターネットに接続している個人ユーザのコンピュータは，常にウイルスや不正アクセスの危険にさらされています。個人ユーザのコンピュータをウイルスや不正アクセスから守るための手段の一つにパーソナルファイアウォール^{→p.137}があります。これは，前述のファイアウォールに比べ低価格で初心者でも簡単に使えるよう工夫がされてはいます。

パーソナルファイアウォールは，Windows や MacOS などでは OS と同時に提供されており，コンピュータが通信するデータの内容をチェックして脆弱性を悪用した侵入を防御することができます。さらに，危険なソフトウェアを知らないうちに送り付けられることや，ウイルスに感染した場合に，知らずに他人にウイルスを自動送信してしまうことも防げます。

パーソナルファイアウォールの製品によってはウイルスや不正アクセスをパターンに基づいて検出する機能を持つ場合もあります。ウイルス対策ソフトウェアと組み合わせた製品もあります。購入の前にどのような機能があるかをよく確認するとよいでしょう。

ただし，他に導入している信頼できる製品の通信を妨げてしまう場合がありますので，他の製品の使用に影響が出る場合は，設定の見直しが必要です。

ゼロトラストセキュリティ

　組織におけるセキュリティ対策の考え方に，組織内を「信用できる領域」，組織外を「信用できない領域」として，外部からの接続を遮断する境界型防御があります。

　近年，テレワークやクラウドサービスの利用により，組織外のネットワークから組織内へ接続する機会が増えています。また，標的型メールなどにより，組織内端末がウイルス感染した場合や組織内部へ侵入された場合などを踏まえ，組織内の通信も無条件に信用できるものではなくなったと考える必要があります。

　ゼロトラスト(Zero trust security model)という概念は，組織内外を区別せずにすべてを「信用できない領域」として，組織のすべての通信やリソースに対して認証を繰り返し行うことで安全性を高める，というセキュリティの考え方です。

参考)

(IPA)ゼロトラストという戦術の使い方

https://www.ipa.go.jp/jinzai/ics/core_human_resource/final_project/2021/zero-trust.html

5 •暗号とディジタル署名

　どんなに強固にセキュリティ対策を実施しても，データはネットワークを伝送されていくもの。どこかで，盗聴されたり，漏えいしたりする可能性は否定できません。それならば，最初から漏れたときのことを考慮して，内容を読めなくしてしまおう，というのが暗号化による対策です。

① 暗号技術とは？

　暗号とは，ある一定の法則に基づいてデータを変換し，元のデータを第三者に知られないようにする技術です。古代ローマ帝国時代から，文字をずらしたり，文字の並びを変える暗号が使われています。

■■■ 暗号化，復号，鍵 ■■■

　まずは，簡単な暗号を考えてみましょう。たとえば，平仮名の「あいうえお…」の各文字を3文字ずつ後ろにずらすと，「あした」は「えそて」となります。「えそて」を見ても，もとの意味は簡単には推測できませんね。このように，読めなくした文を暗号文といい，暗号文を作ることを暗号化と呼びます。また，暗号文を元の文に戻すことを復号と呼び，元の文のことを平文と呼びます。

　この場合，文字をずらすという法則と，その量(何文字か)がわかれば，元の文を簡単に得ることができます。この法則のことをアルゴリズム，その量のことを鍵といいます。この2つは暗号化で重要な役割を担っています。

　ネットワークで使用される暗号技術でも同様で，アルゴリズムに基づき，鍵を使用してデータを暗号化し，鍵を使用して暗号文を復号します。

　現在使用されている暗号技術は，共通鍵暗号方式と公開鍵暗号方式の2つに大きく分けることができます。2つの主な違いは，使用する鍵とその使い方です。まず，共通鍵暗号方式から説明しましょう。

■■■ 共通鍵暗号方式 ■■■

　共通鍵暗号方式は，暗号化と復号に同じ鍵を使用します。この鍵を共通鍵といいます。

　たとえば，AさんからBさんに，共通鍵暗号方式でデータを送るケースを考えます(ここでは，Aさん，Bさんともに，同じ共通鍵を持っているものと

します)。図5.9で具体的に見ていきましょう。Aさんは共通鍵を使用してデータを暗号化し，Bさんに送ります。Bさんは受け取ったデータを共通鍵を使用して復号します。

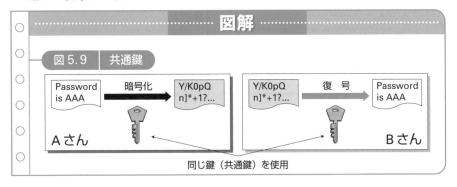

図解

図5.9 | 共通鍵

| Password is AAA | 暗号化 → | Y/K0pQ n]*+1?... |
| Y/K0pQ n]*+1?... | 復 号 → | Password is AAA |

Aさん　　　　　　　　　　　　　　　　　　　　Bさん

同じ鍵（共通鍵）を使用

　共通鍵暗号方式は，暗号化，復号を高速に行えるという特長を持ちますが，それぞれが同じ鍵を持つ必要があるため，鍵をいかにして相手に安全に渡すかという問題を抱えています。

　共通鍵暗号方式には，DES^{→p.129}，トリプルDES^{→p.136}，AES^{→p.129}，MISTY1^{→p.131}，Camellia^{→p.129}，ChaCha20 などがあります。

公開鍵暗号方式

　公開鍵暗号方式は，秘密鍵（プライベート鍵ともいう）と公開鍵という鍵のペアを使用して暗号化と復号を行います。この方式は，公開鍵を使用して暗号化します。暗号文を復号して元のデータに復元するには，ペアとなる秘密鍵が必要となります。

　AさんとBさんの間で，公開鍵暗号方式でデータを送るケースを考えます。図5.10で具体的に見ていきましょう。Aさんは，Bさんの公開鍵を使用してデータを暗号化し，Bさんに送ります。Bさんは受け取ったデータを自分の秘密鍵を使用して復号します。送信者が受信者の公開鍵で暗号化している点に注意してください。

　公開鍵は，名前が示すように公開することができる鍵です。「暗号に使う鍵を公開してもいいの？」と不思議に思うかもしれません。しかし，「復号に使うのは秘密鍵」，「公開鍵と秘密鍵のペアは唯一無二」という前提を思い出してください。秘密鍵は，その鍵ペアの所有者だけが秘密に持つ鍵です。

もっと知りたいセキュリティ技術

5

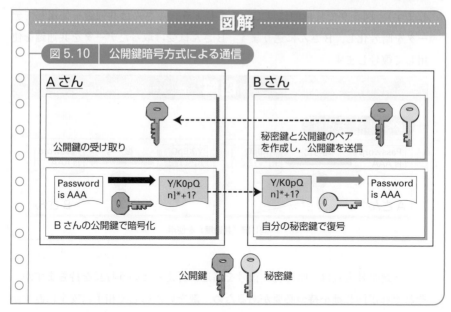

図解

図 5.10 | 公開鍵暗号方式による通信

A さん

公開鍵の受け取り

Password is AAA → Y/K0pQ n]*+1?

B さんの公開鍵で暗号化

B さん

秘密鍵と公開鍵のペアを作成し，公開鍵を送信

Y/K0pQ n]*+1? → Password is AAA

自分の秘密鍵で復号

公開鍵　　　秘密鍵

つまり，暗号化は誰でもできますが（公開鍵は誰でも入手できるので），復号できるのは，その公開鍵に対応する秘密鍵を持っている所有者だけなので，機密が保たれるのです。暗号化に必要な鍵を容易に交換できることも，公開鍵暗号方式の利点の一つです。

公開鍵暗号方式の安全性は，ある種の数学的未解決問題を根拠にしています。代表的なものに，素因数分解問題を根拠にした RSA，離散対数問題を根拠にした Diffie-Hellman，楕円曲線上の離散対数問題を根拠にした ECDH などがあります。以前は RSA が多く使用されていましたが，最近では RSA よりも短い鍵長で高い安全性が実現できる ECDH の利用も広がってきています。

共通鍵方式と公開鍵方式の組み合わせ（ハイブリッド暗号方式）

公開鍵暗号方式を用いると，共通鍵暗号方式のときに問題になった「鍵の受け渡し」が解決します。しかし，採用しているアルゴリズムの複雑さから，暗号化と復号に時間がかかってしまうという欠点があります。

そこで，実用的な方法として，実際の暗号化は共通鍵暗号方式で行うとして，それに先立って，共通鍵を送信するのに公開鍵暗号方式を利用するという方法が使用されています。次のような手順になります。

1. まず，B さんが秘密鍵と公開鍵を作成し，A さんに公開鍵を送ります。

2. Aさんは共通鍵を作成します。そして，受け取った公開鍵を使用して，共通鍵を暗号化します。

3. Aさんは暗号化した共通鍵をBさんに送ります。

4. Bさんは，秘密鍵を使用して暗号文を復号し，共通鍵を取り出します。

5. これで，Aさん，Bさんともに共通鍵を手にしたことになるので，以降の通信は共通鍵暗号方式を使用して行います。

このように公開鍵暗号方式と共通鍵暗号方式を組み合わせて利用する方法を，ハイブリッド暗号方式と呼びます。

② ディジタル署名とは？

ディジタル署名[→p.136]は，なりすましの防止と情報が改ざんされていないことを検証する機能を提供します。

ディジタル署名の生成と検証には，公開鍵暗号方式と同様に秘密鍵と公開鍵のペアを用います。署名者はまず，署名用の秘密鍵と公開鍵のペアを作り，秘密鍵は厳重に秘密に保管し，公開鍵を公開しておきます。署名したいデータに対して秘密鍵を用いた計算によりディジタル署名を生成します。生成されたデ

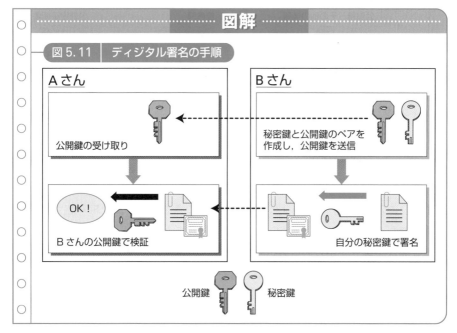

図解

図 5.11　ディジタル署名の手順

Aさん

公開鍵の受け取り

OK！
Bさんの公開鍵で検証

Bさん

秘密鍵と公開鍵のペアを作成し，公開鍵を送信

自分の秘密鍵で署名

公開鍵　　秘密鍵

ィジタル署名は，ペアとなる公開鍵を用いて検証することができます。

　秘密鍵を持っているのは署名者だけなので，「公開鍵で検証できる署名」＝「公開鍵に対応する秘密鍵を持っている本人が作成したもの」，ということがわかります。

　また，ディジタル署名の仕組みの一部として，**メッセージダイジェスト**あるいは**ハッシュ関数**^{→p.138}と呼ばれるデータの改ざんを検知する技術が利用されており，署名やデータの偽造を防いでいます（詳しくは p.105 参照）。

③ 認証局とは？

　公開鍵暗号技術は，鍵共有が必要ないという優れた特長を持っていますが，盲点がないわけではありません。ネットワーク上では，悪意を持った第三者が，本人になりすまして公開鍵を公開することで「本人」へのなりすましができてしまいます。

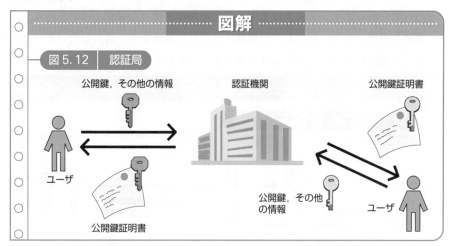

図5.12 | 認証局

そこで，「本人」とその「公開鍵」の結びつきを証明する仕組みが必要となります。この「本人」とその「公開鍵」の結びつきを証明する仕組みが，第三者機関である**認証局**^{→p.136→p.129}（CA：Certificate Authority）です。

　認証局は，ユーザからの申し込みを受けて，**公開鍵証明書**^{→p.134}を発行します。この証明書には，被発行者（ユーザ）の名前やメールアドレスなどの登録者情報，ユーザの公開鍵，証明書番号，暗号アルゴリズム，有効期限，認証局の秘密鍵で署名した認証局のディジタル署名などが含まれています。

　ハッシュ関数は，与えられたメッセージを一定の長さの一見規則性のない文字列に圧縮する関数です。メッセージに対する出力を，メッセージダイジェストとかハッシュ値などと呼びます。安全性の理由から，ハッシュ関数はハッシュ値から元の入力メッセージを得ることが困難であるだけでなく，同じハッシュ値が出力される異なる入力メッセージを得ることが困難であるように設計する必要があります。これらの性質を満たすハッシュ関数を使うと，メッセージの同一性や改ざんのチェックを安全に行えます。

　さて，この前提をもとに，具体的な例（RSA暗号を使ったディジタル署名の例）を見ることにします。AさんからBさんにディジタル署名を送ります。

① 　Aさんはメールを書き上げた後，ハッシュ関数によってメッセージダイジェストを作成します。そして，Aさんの秘密鍵を使用してメッセージダイジェストを暗号化します（署名生成という）。これがディジタル署名になります。

② 　Aさんはメールとともにディジタル署名をBさんに送ります。

③ 　受け取ったBさんは，メールの本文にハッシュ関数を適用して，メッセージダイジェストを作成します。

④ 　さらに，Bさんは，Aさんの公開鍵を使用して，暗号化されたメッセージダイジェストを復号します。

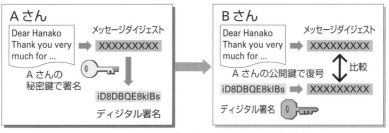

　③で得たメッセージダイジェストと④で得たメッセージダイジェストが一致すると，次のことが証明されます（署名検証という）。

　・Aさん本人がこのメールにディジタル署名を行った。

　・このメールは改ざんされていない。

　これでAさん自身になりすますことはできません。秘密鍵によるディジタル署名がどうしても作成できないからです。では，ディジタル署名を残して本文を改変するのはどうでしょうか。これも，メッセージダイジェストが変わってしまうので，不可能です。

たとえば，A さんと B さんの間で公開鍵暗号方式によって通信する場合を考えてみましょう。B さんは，自分の秘密鍵と公開鍵のペアをつくり，公開鍵を認証局に送り，公開鍵証明書を発行してもらいます。A さんは，B さんの公開鍵証明書を送ってもらいます。A さんは認証局の公開鍵で認証局のディジタル署名を検証し，正当な証明書であることを確認してから，B さんの公開鍵を取り出し，データを暗号化し，B さんに送ります。このようにして悪意の第三者が B さんになりすますことを防ぐことができます。

認証局には，一般に広く利用されている商用の認証機関や組織内に設けたプライベートの認証局があります。

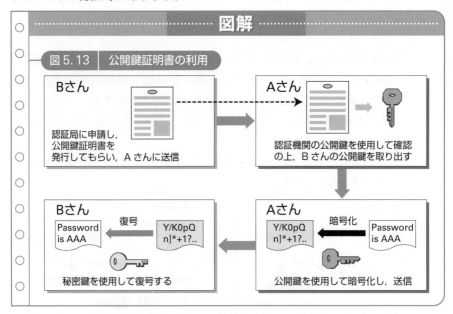

図解

図 5.13　公開鍵証明書の利用

Bさん
認証局に申請し，公開鍵証明書を発行してもらい，A さんに送信

Aさん
認証機関の公開鍵を使用して確認の上，B さんの公開鍵を取り出す

Bさん
Password is AAA ← 復号 ← Y/K0pQ n]*+1?..
秘密鍵を使用して復号する

Aさん
Y/K0pQ n]*+1?.. ← 暗号化 ← Password is AAA
公開鍵を使用して暗号化し，送信

④ 身近に使われている暗号技術

暗号技術はネットワーク社会のセキュリティを支える大切な技術です。私たちの身の回りで，実際にどのように使用されているのかを説明します。

WWW での暗号化（SSL／TLS）

インターネットが普及するにつれ，たとえば電子商取引などで，ユーザがパスワードや個人情報などを送る機会が増えています。ところが，Web サイトを閲覧する際に使用される HTTP プロトコルでは，コンテンツやユーザが入力

したデータは暗号化されず，そのまま流されてしまいます。このままでは極めて危険です。

そこで，データを暗号化して送受信する仕組みが必要になります。現在最もよく使用されているのが SSL(Secure Socket Layer)/TLS(Transport Layer Security)です。SSL/TLS では，通信路の上に独自の層を作成し，ここでデータを暗号化し，通信します。

ユーザが Web ブラウザを使用して SSL/TLS を使っている Web サイト(以下，SSL/TLS サイトといいます)に接続するときには，次の処理が行われます(SSL/TLS 通信を提供するサイトは，あらかじめ認証機関に申請してサーバ証明書(SSL/TLS サイト用の公開鍵証明書)を得ておきます)。

1. ユーザが SSL/TLS サイトにアクセスすると，サーバからサーバ証明書が Web ブラウザに送られてきます。
2. これには CA のディジタル署名が付いているので，Web ブラウザはあらかじめ組み込まれている CA の公開鍵を使用して，この署名を検証します。署名が確認されると，SSL/TLS サイトの公開鍵を取り出します。
3. Web ブラウザは共通鍵を生成し，これを先ほど取り出した公開鍵で暗号化し，サーバに安全に送ります。
4. これで，双方が共通鍵を持つことができたので，以降の通信は共通鍵暗号方式で暗号化します。

(SSL/TLS での接続が確立したときの Web ブラウザの画面については p.40 参照)

■ 暗号化メール

電子メールの盗聴やなりすましを防ぎ，改ざんの有無を確認するには，暗号化メールを使用するのが一番です。暗号化メールは次のことを可能にします。

- **盗聴の防止**：メールの本文を暗号化し，内容を第三者に読まれないようにする。
- **改ざんの検証**：メッセージダイジェストにより，受信メールの改ざんの有無を確認する。
- **なりすましの防止**：ディジタル署名により，差出人が本人であると証明できる。

現在，メールの暗号化に幅広く使用されているのは，PGP と S/MIME です。

これらの暗号化メールでは，共通鍵暗号方式と公開鍵暗号方式を組み合わせた，ハイブリッド暗号方式が使われています。

　この方式では，メール本文は SSL/TLS と同じように，一度使うと捨てられる共通鍵(セッション鍵)で暗号化し，セッション鍵を受信者の公開鍵で暗号化して相手に送ります。受信した人は，セッション鍵を自分の秘密鍵で復号し，復号したセッション鍵を使ってメール本文を復号します。セッション鍵の生成や，暗号化・復号のプロセスは，メール暗号化ソフトが自動的に行ってくれますので，ユーザはこれらの手順を意識せずに，暗号化メールのやりとりができます。

(1)PGP

　PGP(Pretty Good Privacy)は，1991 年に登場した暗号化ソフトで，Philip R. Zimmermann によりインターネットで無料配布されました(現在は無料と商用の両方のソフトがあります)。PGP はメーラとともに使用し，メールの暗号化とディジタル署名を可能にします(図 5.14)。

　PGP では，公開鍵の交換に認証局を使用せず，暗号化メールをやりとりす

図解

| 図 5.14 | PGP によって暗号化したメールの本文 |

る人同士が相互認証する形で認証を行います。すなわち，公開鍵の正当性を本人同士で確認することになり，この点が次に紹介する S/MIME と異なります。

(2)S/MIME

S/MIME(Secure MIME)は，電子メールの標準プロトコルの MIME[→p.131] の枠組みの中で暗号化機能を実現したものです。PGP が暗号化ソフトウェアなのに対し，S/MIME は，電子メールを暗号化する際のプロトコル[→p.139]です。このプロトコルで定められた仕様にそって S/MIME を実装したメーラ[→p.140]を使うことで，メールの暗号化やディジタル署名が可能になります。

S/MIME は，Outlook や Thunderbird など，多くのメーラで標準サポートされています。

S/MIME では公開鍵の交換をメールの送受信者同士が行うのではなく，認証局が発行した公開鍵証明書を使用して行います。したがって，ユーザが S/MIME によるメール本文の暗号化やディジタル署名を利用するには，公開鍵の証明書を認証局から交付してもらう必要があります。

公開鍵の正当性を認証局が証明することになり，この点が PGP と異なります。

IC カードで利用される暗号技術

IC カード(スマートカード)[→p.135]は，電子回路を内蔵し，暗号処理機能を持つことができるので，単なる情報記録機能しか持たない磁気カードより高い安全性を確保できます。たとえば，本人を確認する手段として利用できるマイナンバーカードやクレジットカードでは，高度な暗号技術を使用した本人認証やディジタル署名などが利用できるようになっています。

IT サプライチェーンのセキュリティリスク

今日，多くの組織は，IT システム・サービスの調達・開発・運用を関連会社や外部の IT 事業者等に委託します。委託を受けた事業者はその一部をさらに別の事業者に委託することがあります。このような，組織にまたがる IT システム・サービス供給の流れを IT サプライチェーンと呼びます。

組織が利用する IT システム・サービスのセキュリティは，その組織だけでなく，IT サプライチェーンに関わる各組織においても維持する必要があります。ある組織のセキュリティが弱いと，そこが攻撃された場合，サプライチェーンでつながる他の組織が脅威にさらされてしまうからです。

IT サプライチェーンを経由するセキュリティ脅威には，たとえば以下のようなパターンがあります。

① 調達したソフトウェアにウイルスが仕込まれ，ウイルスが動作して情報が漏えいする

② 取引先のシステムが攻撃を受けて特権を奪われ，そこから自組織に侵入されて攻撃を受ける

③ 委託したネットワーク管理サービス事業者のサーバがのっとられ，管理対象である自組織のネットワーク機器がウイルスに感染する

④ 運用を委託した Web サイトに脆弱性が残っていて攻撃され，顧客情報が漏えいする

このように，IT サプライチェーンのセキュリティ脅威はいたるところにあります。自組織だけで守ることはできず，取引先と連携し，対策について合意をとることが必要となりますが，これは容易ではありません。まず直接の取引先と，たとえば以下の点について協議し，合意をとることが重要だと思われます。

・取引先に提供する情報や運用を委託する資産で守るべきものを確認する

・取引先が機微な情報を扱う場合はそのアクセス権について確認する

・取引先が再委託等を行う場合の条件について確認する

・脆弱性の扱い（特に新たに発見された場合）について確認する

・取引先のセキュリティ対策のチェックの仕方について確認する

・業務終了後の情報の廃棄の仕方について確認する

6章

Chapter

Information
Security
Reader

情報セキュリティ
関連の法規と制度

　情報セキュリティにかかわる国内
外の標準，法規，基準にはさまざま
なものがあります。セキュリティ対
策を実施する上でふだん私たちが何
気なく行っていることも，意識する
しないにかかわらず，もとをたどれ
ば，これらの標準や法律に準拠して
いることが多いのです。

　この章では，主要な国際標準や国
内法，情報セキュリティに関する制
度などを紹介します。

1 ─● 情報セキュリティの国際標準

① 情報セキュリティマネジメントの国際標準27000シリーズ

ISO/IEC 27000 シリーズは，組織として情報セキュリティの確保に取り組むための情報セキュリティマネジメントに関する国際規格です。このシリーズには，次のような規格があります。

ISO/IEC 27000：情報セキュリティマネジメントに関する概要と用語

ISO/IEC 27001：情報セキュリティマネジメントシステム─要求事項

ISO/IEC 27002：情報セキュリティマネジメントの実践のための規範

ISO/IEC 27003：情報セキュリティマネジメントの実装に関する手引き

ISO/IEC 27004：情報セキュリティマネジメントの有効性を評価するための測定に関する手引き

ISO/IEC 27005：情報セキュリティリスクマネジメント

ISO/IEC 27006：認証/登録プロセスの要求仕様

ISO/IEC 27007：ISMS 監査の指針

ISO/IEC 27008：情報セキュリティ制御における監査のガイダンス

ISO/IEC 27011：電気通信事業に関する組織が ISO/IEC 27002 に基づいて情報セキュリティマネジメントを実施する際のガイドライン

ISO/IEC 27014：情報セキュリティのガバナンスに関する指針

ISO/IEC TR27015：金融サービスのための情報セキュリティマネジメント指針

ISO/IEC TR27016：情報セキュリティマネジメントに関する組織の経済面の指針

ISO/IEC 27017：ISO/IEC27002 に基づくクラウドサービス向け情報セキュリティ管理策の実践規範

ISO/IEC 27018：パブリッククラウドにおける個人識別情報(PII)保護の実践規範

ISO/IEC 27002 は，組織のセキュリティ，人的セキュリティ，物理的および環境的セキュリティ，通信および運用管理，アクセス制御，法やルールの順守

など，技術，管理，利用，運用などのさまざまな側面から情報セキュリティを守るための実践規範（ベストプラクティス）が述べられています。ISO/IEC 27001 と ISO/IEC 27002 は JIS（日本工業規格）化されて，それぞれ，JIS Q 27001，JIS Q 27002 となりました。

JIS Q 27001 は，組織の ISMS 構築，運用に関する第三者認証のための要求事項を記した ISMS 適合性評価制度（p. 120 参照）の認証基準です。

② セキュリティ製品の評価認証のための国際標準 ISO/IEC15408

情報セキュリティの管理策がいかに優れていても，導入したセキュリティ製品にセキュリティ上の欠陥があれば，セキュリティの確保は難しくなります。

ISO/IEC15408 は，セキュリティ製品やシステムが適切に設計され，正しく実装されているかどうかを評価するための国際標準です。ISO/IEC15408 は機能要件や保証要件から構成されています。機能要件には，想定脅威に応じて製品やシステムが備えるべきセキュリティ機能が網羅されています。保証要件は，セキュリティ機能が確実に実現されていることを保証するための要件で，機能仕様書等の開発ドキュメント等の内容，テスト実施内容，脆弱性／誤使用に対する抵抗力など，セキュリティレベルの確認を保証する項目と，評価を受けるために開発者が準備すべき事項について記載されています。また，製品やシステムが機能要件をどこまで確認されたか保証する尺度として7段階の評価保証レベル（EAL：Evaluation Assurance Level）が定義されています。

ISO/IEC15408 を制定するもととなったのが，「IT セキュリティ評価のための共通基準（CC：Common Criteria）」です。共通基準は，セキュリティ評価の経験を積んだ欧米6か国7機関で構成される CC プロジェクトで開発された評価のための基準です。

ISO/IEC15408 は，JIS（日本工業規格）化されて，JIS X5070 となりました。日本では，ISO/IEC15408（CC）に基づいた IT セキュリティ評価及び認証制度（p. 120，p. 124 参照）が運用されています。認証機関は IPA です。

CC に基づいて評価・認証された IT 製品および情報システムの認証書は，国際的な相互承認協定に合意した国同士で相互に通用します。この協定を CC 承認アレンジメント（CCRA：Common Criteria Recognition Arrangement）といい，2021年10月現在，日本を含む31か国が参加しています。

2 ─●情報セキュリティに関する法律

① 刑法

　刑法の中には，コンピュータ犯罪にかかわる条文があり，コンピュータやデータの破壊や改ざんには刑事罰が科せられます。また，2011年の改正により，不正指令電磁的記録に関する罪(コンピュータ・ウイルスに関する罪)が追加され，ウイルスを作成・提供・取得・保管する行為に対しても刑事罰が科せられるようになりました。

- ・電子計算機損壊等業務妨害罪：コンピュータや電子的データを破壊することによる業務妨害。
- ・電磁的記録不正作出及び供用罪：事務処理を誤らせる目的で，電子的データを不正に作成する。
- ・電子計算機使用詐欺罪：コンピュータに虚偽の情報や不正指令を入力する等により不正に利益を得る詐欺行為。
- ・不正指令電磁的記録に関する罪：正当な理由がないのに，コンピュータで実行することを目的に，ウイルスを作成，提供，取得，保管する行為。

② 不正アクセス行為の禁止等に関する法律(不正アクセス禁止法)

　この法律の目的は，電気通信回線を通じて行われる不正アクセス行為の防止です。「不正にアクセスする行為」，「不正なアクセスを助長する行為」が処罰の対象になります。「不正アクセス行為」としては以下の3点が規定されています。

(1)他人のIDやパスワードを無断使用し不正アクセスする行為

(2)セキュリティホールを突いた直接侵入攻撃

(3)セキュリティホールを突いた間接侵入攻撃

　他人のパスワードを許可なく第三者に教えるのは，「不正アクセス行為を助長する行為」となります。また，システム管理者に対しては，IDやパスワードの適切な管理など，不正アクセス行為を予防するために必要な対策を行うことが求められています。

　なお，2012年の改正により，「IDやパスワードを不正に要求する行為」(フィッシング行為)も処罰の対象になりました。

③ 電子署名及び認証業務に関する法律（電子署名法）

　この法律の目的は，電子署名（ディジタル署名）^{→p.136}に署名や押印と同じ効力を持たせることです。契約書などの私文書は，本人またはその代理人の署名または押印があるときは，訴訟において真正に成立したものとして取り扱われます。ところが，電子政府や電子商取引の進展に伴い，ディジタルな情報の真正性をディジタルな署名や押印（電子的に署名を行うこと＝電子署名）により保証することが必要になりました。この法律では，電子署名・電子証明書とは何かを規定し，電子的に認証を行う認証業務や認証事業者についても規定しています。

④ 個人情報の保護に関する法律（個人情報保護法）

　この法律は，個人情報の漏えいや不正利用などに対して，個人の権利を保護するために，個人情報を取り扱う事業者の遵守すべき義務（安全管理措置や従業員と委託先の監督義務など）を規定しています。個人情報とは，氏名，生年月日その他の記述等により特定の個人を識別することができる情報をいいます。

　この法律により，本人の了解なしに個人情報を流用・売買・譲渡することが規制され，個人情報保護の基本原則が，以下のように定められています。

個人情報保護の基本原則

1. 利用目的による制限：個人情報の利用は収集目的の範囲内で行う
2. 適正な方法による取得：正当な事業の範囲内で，収集目的を明確にし，その目的の達成に必要な限度において行う
3. 内容の正確性の確保：正確性，最新性を維持する
4. 安全管理措置の実施：不正なアクセスまたは個人情報の紛失，破壊，改ざん，漏えいなどに対して，合理的な安全対策を講ずる
5. 透明性の確保：開示または訂正もしくは削除を求められた場合は，原則としてこれに応ずる

　この法律はその後3年ごとの見直しによる改正が行われ，整備が進んでいます。当初，5,000件を超える個人情報を有する個人情報データベースを事業のために使用している事業者を，この法律の適用対象としていましたが，2015年の改正により，5,000件以下の個人情報を管理する小規模事業者も適用対象となりました。同じく2015年の改正により，個人情報の定義の明確化，第三

者提供における匿名加工情報の利用やオプトアウト手続きの厳格化，海外への第三者提供の規定等による流通の適正さの確保が図られたほか，個人情報保護委員会が設置され，個人情報の適正な取り扱いを所管することとなりました。また，この改正により，人種，身分，信条，病歴等の機微な情報が「要配慮個人情報」と規定され，その取得や第三者提供には本人の同意が必要となりました。

　さらに，2020年，2021年にも改正が行われ，事業者への請求要件緩和等による個人の権利保護，情報漏えい事案の報告等に関する事業者の責務，仮名加工情報の導入によるデータ利活用の促進，外国の事業者が国境を越えて個人情報を移転する場合の対応等について強化が図られました。

⑤ サイバーセキュリティ基本法

　サイバーセキュリティ基本法は，日本のサイバーセキュリティ施策の基本理念や，国・地方公共団体の責任やサイバーセキュリティ施策の基本事項を定める法律で，2014年に成立しました。

3 ・知的財産を守る法律

知的財産は，著作権，トレードシークレット，産業財産権（特許，実用新案，意匠，商標）の３つに大別され，それらを保護する法律として，「著作権法」，「不正競争防止法」，「特許法」などがあります。以下に「著作権法」，「不正競争防止法」について説明します。

① 著作権法

著作権法の目的は，「創作性」のある思想や表現などの著作物や著作者を保護することです。プログラムやデータベースは著作物として保護の対象となりますが，プログラム言語，アルゴリズム，規約，統計情報等は保護の対象となりません。著作権は著作者人格権と著作財産権に分けられます。

- 著作者人格権＝公表権，氏名表示権，同一性保持権
- 著作財産権＝複製権，上演権，公衆送信権，口述権，展示権，貸与権，翻訳権，翻案権，譲渡権など

一般的には，著作財産権の侵害が問題になることが多くなっています。たとえば，「ソフトウェアの不正コピー」，「著作物を著作者の許可なく Web ページでダウンロード可能な状態にすること」「著作者の許可なく公開された著作物を違法と知りながらダウンロードすること」などは著作財産権の侵害となります。

② 不正競争防止法

不正競争防止法の目的は，営業秘密の保護です。営業秘密とは，著作権や商標権では保護されない，企業の重要な情報であるノウハウや技術情報，製品情報などをいいます。不正競争防止法では，企業の重要な情報が営業秘密として保護の対象となるためには，以下の３つの要件が必要であるとしています。

- 秘密管理性：その情報が秘密として管理されていること。たとえば，文書に「機密」と明示され，アクセスできる人が限定されていること。
- 有用性：その情報が事業のために有用であること。たとえば，他社が保持していない重要な新技術であること。
- 非公知性：その情報が公知でないこと。たとえば，その情報が一般的な情

報検索手段で容易にアクセスできるものでないこと。

　企業が重要な情報を営業秘密として管理する場合，この法律により，第三者が当該営業秘密を不正に入手あるいは使用することに対して，差止請求や損害賠償請求を行うことができます。

　なお，2018年の不正競争防止法改正により，安全なデータの提供・利活用を目的として限定された相手に提供するデータ（限定提供データ）の不正使用に対しても，差止請求権等の民事救済措置が適用されることとなりました。

4 — 迷惑メール関連法

受信者の都合を考えずに送られてくる迷惑メール^{→ p.140}(スパムメール)は，業務を妨げたり，同じ内容のメールを大量に配信して，インターネットの公衆回線を混雑させます。なかには詐欺行為に発展する場合もあり，大きな社会問題になっています。

そのため，迷惑メールを規制する「特定商取引に関する法律の改正」および「特定電子メールの送信の適正化等に関する法律」の2法案が，2002年7月1日に施行されました。これらをあわせて「迷惑メール関連法」または「迷惑メール対策2法」と呼ぶことがあります。

これらの法律により，宣伝や勧誘のメールを送る場合には，「未承諾広告※」という表示や，送信者の氏名，名称，住所などを表示することが義務付けられ，迷惑メールの受信を拒否する人には送信してはならないこと(オプトアウト方式)，架空電子メールアドレスへの送信禁止も定められています。

「特定電子メールの送信の適正化等に関する法律」では，2005年には，特定電子メールの範囲拡大や架空アドレスあての送信の禁止が定められ，さらに2008年の改正では，上記の「オプトアウト方式」にかわり，あらかじめ同意した者に対してのみ送信が認められる「オプトイン方式」が導入されるなど対策の強化が図られました。「特定商取引に関する法律」においても，省令により同様の規制が盛り込まれています。

これらの規定に違反したメールを受信した際の連絡先として，日本データ通信協会と日本産業協会が指定されています。

参考)

一般財団法人日本データ通信協会
https://www.dekyo.or.jp/
財団法人日本産業協会
http://www.nissankyo.or.jp/

5 ●情報セキュリティ関連制度

ここでは，情報セキュリティを確保するための主な制度を紹介します。

① ISMS 適合性評価制度

組織の情報セキュリティマネジメントシステム（ISMS：Information Security Management System）が基準に適合しているかどうかを，第三者機関が客観的に評価する制度です。日本の情報セキュリティ向上への貢献や，諸外国からの信頼されるセキュリティレベルの達成を目的としています（この制度の準拠する基準は，p. 113 を参照）。

② IT セキュリティ評価及び認証制度

ISO/IEC 15408 に基づき，セキュリティ製品やシステムのセキュリティ機能や目標とする保証レベルを評価・認証する制度です（p. 124 参照）。

③ 暗号モジュール試験及び認証制度

暗号モジュールが，JIS X 19790 に示された暗号モジュールセキュリティ要求事項に適合しているかどうかを第三者機関が客観的に試験・認証する制度です（p. 125 参照）。

④ プライバシーマーク制度

個人情報保護の取り組みが適切であると認められた事業者に，それを認定するプライバシーマークの使用を許可する制度です。この制度では，個人情報の適切な保護が，日本工業規格「JIS Q 15001 個人情報保護マネジメントシステム－要求事項」に適合して行われているかどうかを認定します。

⑤ 情報セキュリティ監査制度

情報セキュリティ監査とは，独立・専門的な立場の監査人が，組織の情報セキュリティ対策の状況を客観的に検証・評価して，その適切性を保証したり，情報セキュリティの改善に役立つ的確な助言を与えたりすることです。

情報セキュリティ監査制度は，わが国において情報セキュリティ監査を有効に普及させるための制度です。情報セキュリティ監査を実施するために準拠する基準として，情報セキュリティ管理基準と情報セキュリティ監査基準が策定されています。また，情報セキュリティ監査を行う主体を登録する情報セキュリティ監査企業台帳が設置されています。

⑥ コンピュータウイルス及び不正アクセスに関する届出制度

経済産業省により制定されたコンピュータウイルス対策基準およびコンピュータ不正アクセス対策基準に基づき，コンピュータウイルスや不正アクセスの届出と相談を受け付ける制度が運用されています。届出の受付機関として IPA が指定されています（p. 124 参照）。

⑦ 脆弱性関連情報に関する届出制度

経済産業省により制定されたソフトウェア製品等の脆弱性関連情報に関する取扱規程に基づき，ソフトウェア製品や Web アプリケーションの脆弱性に関する情報の届出を受け付ける制度が運用されています。受付機関及び調整機関を定める告示により，届出の受付機関として IPA が，調整機関として JPCERT/CC が指定されています（p. 124 参照）。

⑧ 情報セキュリティサービス審査登録制度

情報セキュリティサービス審査登録制度は，セキュリティサービスの品質が経済産業省の定める基準に適合しているかを第三者機関が判断し，結果を公開する枠組みです。情報セキュリティ監査，脆弱性診断，デジタル・フォレンジック，セキュリティ監視・運用の 4 種のサービスについて，基準に適合したサービスリストが公開されており，サービス調達の参考とすることができます。

⑨ 政府情報システムのためのセキュリティ評価制度

政府情報システムのためのセキュリティ評価制度，通称 ISMAP（イスマップ）は，政府が求めるセキュリティ要件を満たすクラウドサービスを評価・登録する制度です。政府機関は登録されたサービスを調達の候補とすることで，必要なセキュリティが担保されたクラウドサービスを利用できます。

参考）

ISMS 適合性評価制度
https://isms.jp/isms.html
IT セキュリティ評価及び認証制度（JISEC）
https://www.ipa.go.jp/security/jisec/index.html
暗号モジュール試験及び認証制度（JCMVP）
https://www.ipa.go.jp/security/jcmvp/index.html
プライバシーマーク制度
https://privacymark.jp/
情報セキュリティ監査制度
https://www.jasa.jp/audit/audit/
コンピュータウイルス・不正アクセスに関する届出について
https://www.ipa.go.jp/security/todokede/crack-virus/about.html
脆弱性関連情報の届出受付
https://www.ipa.go.jp/security/todokede/vuln/uketsuke.html
情報セキュリティサービス基準審査登録制度
https://sss-erc.org/
ISMAP —政府情報システムのためのセキュリティ評価制度
https://www.ismap.go.jp/csm

Information
Security
Reader

Chapter

IPA セキュリティ センターの活動

　IPA（独立行政法人情報処理推進機構）は，経済産業省所管の独立行政法人として，情報処理の振興を図るためのさまざまな事業を行っています。その中の IPA セキュリティセンターでは，経済産業省の情報セキュリティ政策を実行に移すために，情報セキュリティ関連の各種事業に取り組んでいます。

　この章では，IPA セキュリティセンターの活動について紹介します。

IPA セキュリティセンターでは，情報セキュリティを向上させるためのさまざまな普及啓発活動を行うとともに，具体的な対策情報を提供しています。

情報セキュリティに関する普及啓発活動など

情報セキュリティに関する対策実践情報を Web ページに掲載するとともに，ウイルス・不正アクセス対策・脆弱性対策，情報セキュリティマネジメント，暗号技術やセキュリティ製品の評価認証に関するセミナーを開催しています。また，情報セキュリティ政策立案を支援する社会経済分析等を行っています。

ウイルス・不正アクセス対策

経済産業省の告示に基づいて，ウイルス・不正アクセスの届出と各種相談を受け付け，届出の件数と概要および具体的な対策をプレス発表しています。

また，映像で知る情報セキュリティ(DVD-ROM)や対策のしおりなど，情報セキュリティ対策のための各種資料を作成し，セミナーやイベントなどで配布しています。

情報システムの脆弱性への取り組み

情報システムの脆弱性や攻撃手法の検証・解析を通じ，脆弱性分析および対策情報の提供を行っています。たとえば，ソフトウェア製品の脆弱性を生まないためのセキュアプログラミング手法や安全な Web サイトの作り方に関するコンテンツや，ソフトウェア製品の脆弱性に関する解説や注意喚起等を Web ページで公開しています。

ソフトウェア製品の脆弱性を悪用したウイルスや不正アクセスが急増し，脆弱性情報や対策情報の適切な告知・公開が求められるようになった背景から，経済産業省は 2004 年にソフトウェア等脆弱性関連情報取扱基準を告示しました。現在は，2017 年に制定された「ソフトウエア製品等の脆弱性関連情報に関する取扱規程」に基づき，IPA は JPCERT コーディネーションセンター(JPCERT/CC)や関連機関・団体と連携し，「情報セキュリティ早期警戒パートナーシップ」を運用しています。

さらに，脆弱性に関するポータルサイト「JVN」(Japan Vulnerability Notes)を JPCERT/CC と共同運営し，脆弱性に関するさまざまな情報を公開することにより，脆弱性対策の普及・促進を図っています。

IT セキュリティ評価及び認証制度(JISEC)

IPA は国際標準「ISO/IEC15408」に基づく「IT セキュリティ評価及び認証

制度」の認証機関として，評価機関による IT セキュリティ製品およびシステムの評価結果の認証を行っています。本制度は，セキュリティ製品やシステムのセキュリティ機能や目標とする保証レベルを，評価基準に基づいて評価し，その結果を公的に公開するものです（p. 113, 120 参照）。

国際的には CC 承認アレンジメント（CCRA：Common Criteria Recognition Arrangement）という制度があり，ISO/IEC15408 に基づいて日本で評価・認証された製品は，国際的にも認証された製品であると認められます。

■ 暗号技術調査・評価 ■

暗号技術はネットワーク社会を支える重要なセキュリティ基礎技術です。IPA は，デジタル庁，総務省，経済産業省，情報通信研究機構（NICT）と共同で暗号技術評価プロジェクト（CRYPTREC）を推進してきました。

2002 年度（2003 年 2 月）に電子政府で安心して利用できる暗号技術を掲載した電子政府推奨暗号リストを公表し，2012 年度（2013 年 3 月）に「電子政府における調達のために推奨すべき暗号リスト（CRYPTREC 暗号リスト）」として改定しました。その後も，リストに掲載された暗号技術の安全性に関する継続的な評価や次世代暗号技術の調査を継続して実施するとともに，暗号強度要件に関する設定基準や TLS 暗号設定ガイドラインなど，新たに暗号利用に関するセキュリティ対策の推進，及び暗号技術の利用促進に向けた環境整備を目的とした運用ガイドラインの作成にも注力しています。

■ 暗号モジュール試験及び認証制度（JCMVP®） ■

暗号モジュール（暗号機能をソフトウェアやハードウェアで実装したもの）が，JIS X 19790 に示された暗号モジュールセキュリティ要求事項に適合しているかどうかを確認する制度です。暗号モジュールに暗号アルゴリズムが正しく実装されていることを確認するとともに，鍵やパスワード等の重要情報のセキュリティが確保されているかどうかなどを試験し，認証します（p. 120 参照）。

■ 情報セキュリティサービス審査登録制度と ISMAP に関わる活動 ■

IPA は情報セキュリティサービス審査登録制度（121 ページ参照）について，情報セキュリティサービス基準に適合するとして登録されたサービスのリストを公開し，制度の普及推進を図っています。

また IPA は，政府情報システムのためのセキュリティ評価制度（ISMAP）（121 ページ参照）について，クラウドサービスの申請・審査・登録，規格改訂等の実

務を担い，制度の円滑な運用に貢献しています。

▰▰▰ IPA セキュリティセンターの Web ページ ▰▰▰

　IPA セキュリティセンターの Web ページ（https://www.ipa.go.jp/security/）
では，さまざまな情報セキュリティに関する情報を発信しています。緊急対策
情報をはじめ，最新ニュースや対策実践情報を，日々更新しています。

■**情報セキュリティ安心相談窓口**
　電話：03-5978-7509（平日 10：00〜12：00 および 13：30〜17：00）
　メールアドレス：anshin@ipa.go.jp
■**情報セキュリティに関する届出について（ウイルス・不正アクセス・脆弱性関連情報）**
　https://www.ipa.go.jp/security/todokede/index.html

資料 1　情報セキュリティ関連 URL 集

■各種セキュリティ情報
IPA 情報セキュリティ

　https://www.ipa.go.jp/security/

JPCERT コーディネーションセンター

　https://www.jpcert.or.jp/

CERT/CC

　https://www.cert.org/

NIST（National Institute of Standards and Technology）

　https://www.nist.gov/

FIRST（Forum of Incident Response and Security Teams）

　https://www.first.org/

■バグ情報，ソフトウェアの脆弱性，攻撃手法
脆弱性対策情報ポータルサイト

　https://jvn.jp/

脆弱性対策情報データベース

　https://jvndb.jvn.jp/

NIST National Vulnerability Database

　https://nvd.nist.gov/

MITRE　ATT&CK（攻撃手法）

　https://attack.mitre.org/

■政府関連セキュリティ
内閣サイバーセキュリティセンター

　https://www.nisc.go.jp/

経済産業省　サイバーセキュリティ政策

　https://www.meti.go.jp/policy/netsecurity/

@police（警察庁セキュリティ情報提供サイト）

　https://www.npa.go.jp/cyberpolice/

総務省　国民のためのサイバーセキュリティサイト

　https://www.soumu.go.jp/main_sosiki/cybersecurity/kokumin/index.html

■暗号関連
CRYPTREC（暗号技術評価プロジェクト）

　https://www.cryptrec.go.jp/index.html

一般財団法人日本情報経済社会推進協会（JIPDEC）電子署名法に基づく特定認証業務の調査

　https://www.jipdec.or.jp/project/designated-investigative-organization.html

■IT セキュリティ評価・認証関連
経済産業省 サイバーセキュリティ政策 IT セキュリティ評価及び認証

　https://www.meti.go.jp/policy/netsecurity/cc.html

認証機関：独立行政法人 情報処理推進機構 情報セキュリティ認証室
　　　　　ITセキュリティ評価及び認証制度（JISEC）
　　　https://www.ipa.go.jp/security/jisec/index.html
認定機関：独立行政法人 製品評価技術基盤機構（NITE）
　　　　　認定センター（IAJapan）
　　　https://www.nite.go.jp/iajapan/aboutus/index.html
The Common Criteria for Information Technology Security Evaluation（CC）
　　　https://www.commoncriteriaportal.org/

■セキュリティ関連団体など

JNSA（特定非営利活動法人　日本ネットワークセキュリティ協会）
　　　https://www.jnsa.org/
JASA（特定非営利活動法人　日本セキュリティ監査協会）
　　　https://www.jasa.jp/

■金銭的な被害・犯罪捜査への対応，ネットトラブルに関する相談

（※IPAでは金銭的な被害の救済や犯罪捜査には対応できません）
警察庁　サイバー犯罪対策プロジェクト
　　　https://www.npa.go.jp/cyber/
警察庁　インターネット安全・安心相談
　　　https://www.npa.go.jp/cybersafety/
国民生活センター　全国の消費生活センター等
　　　https://www.kokusen.go.jp/map/
日本弁護士連合会
　　　https://www.nichibenren.or.jp/
インターネットホットライン連絡協議会
　　　https://www.iajapan.org/hotline/

資料2 用語集

※本文では扱っていない用語も参考として掲載している。

【A～Z】

ActiveX コントロール（ActiveX Control）

マイクロソフト社が開発したインターネット関連技術。主に音声や動画を Web ブラウザ
で再生するために利用されている。

AES（Advanced Encryption Standard）

2001 年，米国政府によって選定された米国政府標準のブロック暗号。ブロック長（情報の
処理単位）は 128bit で，鍵長は，128bit, 192bit, 256bit の 3 種類がある。国際標準 ISO/
IEC18033 の共通鍵暗号アルゴリズムの一つとして標準化された。

ASP（Active Server Pages）

マイクロソフト社が開発した，Web サーバ上で動的な Web ページを生成する仕組み。ブ
ラウザからデータを受け取りファイルに記録したり，データベースと連携させたりすること
などができる。専用の言語（スクリプト言語→p. 135）を使用して作成される。

CA（Certificate Authority）　→　認証局（p. 136）

Camellia

2000 年に日本で開発されたブロック長 128bit のブロック暗号。AES と同様，128bit, 192
bit, 256bit の鍵長に対応している。わが国の電子政府推奨暗号の一つ。国際標準 ISO/
IEC18033 の共通鍵暗号アルゴリズムの一つとして標準化された。

CGI（Common Gateway Interface）

Web サーバが，ユーザから入力された要求を外部のプログラムに渡し，その実行結果をユー
ザの Web ブラウザに返す仕組み。動的な Web ページの作成に利用される。

Cookie

Web サーバと Web ブラウザとの間で，ユーザに関する情報やアクセス情報などをやりと
りするための仕組み。「クッキー」と呼ぶ。

DDoS 攻撃（Distributed Denial of Service Attack）

DDoS は「ディー・ドス」と発音し，分散 DoS 攻撃とも呼ばれる。DoS 攻撃の一種で，分
散された複数のコンピュータから攻撃が行われる。攻撃元が複数となるため，標的とされた
コンピュータに大きな負荷が生じる。攻撃者が事前に標的以外の複数サイトに攻撃プログラ
ムを仕掛けておき，遠隔からいっせいに DoS 攻撃を仕掛ける手法が広く知られている。

DES（Data Encryption Standard）

1977 年，米国政府によって策定された米国政府標準のブロック暗号。ブロック長は 64bit
で，鍵長は 56bit（公称 64bit であるが，うち 8bit はパリティビットで，実効的には 56bit）。
2005 年に米国政府標準暗号から削除された。現在は，トリプル DES（p. 136）の部品としての
み使われる。

DMZ（DeMilitarized Zone）

外部のネットワークと組織内のネットワークの中間に位置する緩衝地帯で"DeMilitarized
Zone"（非武装地帯）の頭文字を取って DMZ と呼ばれる。インターネットからのアクセスを
受ける Web サーバ，メールサーバ，DNS サーバなどは，通常この DMZ に置かれる。

DNS(Domain Name System)

インターネットにおけるホスト名と IP アドレスを対応させるシステム。

DNS キャッシュポイズニング(DNS Cache Poisoning)

DNS サーバの脆弱性を利用し，偽のドメイン管理情報(IP アドレスとドメイン名の対応)をキャッシュさせる攻撃。偽の情報がキャッシュされるため，ユーザが正規のホスト名を入力しているにもかかわらず，悪意のあるサイトへ誘導され，情報漏えいなどの被害に遭う。

DoS 攻撃(Denial of Service Attack)

サーバに大量のデータを送って過大な負荷をかけ，その処理能力を低下させたり，機能停止に追い込んだりする攻撃。DoS は「ドス」と発音し，サービス妨害攻撃と呼ばれる。

ESS-ID(Extended Service Set Identifier)

無線 LAN のアクセスポイントを識別するためのグループ ID。無線 LAN ネットワークの識別子であり，アクセスポイントに接続する個々のクライアントを認証するものではない。無線 LAN と同一の ESS-ID を持つクライアントだけにアクセスを許可することができる。

EV-SSL 証明書(Extended Validation Secure Socket Layer Certificate)

より厳格化された手続きで発行された SSL/TLS サーバ証明書。EV-SSL 証明書の発行時には SSL/TLS サイトの法人格も確認されるため，フィッシングサイトに悪用されにくい。

FTP(File Transfer Protocol)

インターネットでファイルを転送するためのプロトコル。

HTTP(HyperText Transfer Protocol)

Web サーバと Web ブラウザがデータを送受信するために使われるプロトコル。

ID(IDentification)

個人を識別するための番号または記号。

IM(Instant Messenger)

インターネットに接続したパソコン同士で，チャット(接続者同士のリアルタイムな会話)やファイルのやりとりができるソフトウェア。同じソフトを利用している仲間が接続しているかどうかがわかり，リアルタイムにメッセージを送ることができる。

IP アドレス(Internet Protocol Address)

インターネット上の番地。インターネットに接続されている個々の機器に割り振られ，たとえば，「192.168.170.255」といった形式で表示される。

IRC(Internet Relay Chat)

チャット(接続者同士のリアルタイムな会話)システムのこと。インターネット上の IRC サーバに，専用のソフトウェアを利用してアクセスすることで，複数のユーザとの間でメッセージ交換ができる。

ISMS(Information Security Management System：情報セキュリティマネジメントシステム)

企業などの組織が，情報セキュリティを確保・維持するために，技術的，物理的，人的，組織的対策を，経営層を中心とした体制で組織的に行うこと。

JavaScript

ネットスケープ社が開発したスクリプト言語(p. 135)。Web ページに用意されたボタンが押されたときの処理や，簡単な演算処理などをブラウザ上で表現できる。

MIME(Multipurpose Internet Mail Extensions)

　電子メールで漢字などの2バイト文字や画像や音声などのデータをやりとりできるようにしたプロトコル(p.139)の一つ。「マイム」と呼ぶ。MIME ヘッダとは，メールの先頭部分のことで，差出人や送り先，データの内容などについての情報が含まれている。

MISTY1

　1995年に日本で開発された鍵長128bit，ブロック長64bit のブロック暗号。第三世代携帯電話用暗号アルゴリズムの原型。わが国の電子政府推奨暗号の一つ。国際標準 ISO/IEC 18033 の共通鍵暗号アルゴリズムの一つとして標準化された。

MS xx-xxx

　マイクロソフト社のセキュリティ情報を示す番号。たとえばMS12-037の場合，2012年に公表された37個目の脆弱性のことを表す。

NAT，NAPT(Network Address Translation，Network Address Port Translation)

　内部ネットワークからインターネットにアクセスする際に，プライベートアドレスをグローバルアドレスに変換する技術をネットワークアドレス変換(NAT)という。NAT により，1つのグローバルアドレスを複数のコンピュータで共有できる。NAPT もプライベートアドレスをグローバルアドレスに変換する技術で，IP アドレスに加え，ポート番号も変換する。

PDCA(Plan，Do，Check，Act)

　ISMS に沿った取り組みを効率よく，かつ漏れがないように推進するための手法。P(Plan：計画)，D(Do：実行)，C(Check：点検)，A(Act：処置)の各フェーズを順番に実施しながら，組織の情報セキュリティ水準を高めていく。

Perl

　インタプリタ型のプログラミング言語。作成したプログラムは，コンパイルなどの処理を行うことなく，直ちに実行できる。CGI の開発によく使われ，Web プログラミングなどに適している。

PHP(Hypertext Preprocessor)

　HTML ファイル内に記述するタイプのスクリプト言語で，主に Web プログラミングに用いられる。掲示板やチャット，ビジネスアプリケーションなどの広範な Web アプリケーションを容易に作成できる。データベースへのアクセス用関数が用意されており，データベースへの接続や操作も簡単にできる。

PGP(Pretty Good Privacy)

　1991年に登場した暗号化ソフトウェアで，Philip R. Zimmermann によってインターネットで無料配布された(現在は，無料と商用の両方のソフトウェアがある)。PGP はメーラとともに使用し，メールの暗号化とディジタル署名を可能にする。

PKI(Public Key Infrastructure)

　認証局のピラミッド構造により，公開鍵証明書の信頼性を保証するための基盤。公開鍵基盤ともいう。最上位の認証局をルート CA といい，信頼の起点(Root of Trust)の役割を果たす。これにより，インターネットのようなネットワーク上の通信において，公開鍵暗号を利用した本人認証，メッセージやデータの機密性，完全性，非否認性を確保することが可能になる。

P2P(Peer to Peer)

　従来のクライアント・サーバ型のように，サーバにあるデータをクライアントにダウンロ

ードして利用するのではなく，不特定多数の個人間で，サーバを介さずに，直接データのやりとりを行うインターネットの利用形態。

POP(Post Office Protocol)

インターネットのメールサーバからメールを受信するときに使われるプロトコル。

RC4(Rivest's Cipher 4)

MIT の Ron Rivest 教授が開発した鍵長が 128bit のストリーム暗号。WEP，SSL/TLS 等で広く利用されていたが，解読可能であることが判明し，現在はほとんど使われていない。

RPC(Remote Procedure Call)

コンピュータ内のプログラムを，ネットワークを介して遠隔地から呼び出すこと。

RSA(Rivest Shamir Adleman)

公開鍵暗号方式の一つで，広く普及している。RSA は 3 名の開発者の頭文字を取ったもの。

S/MIME(Secure MIME)

電子メールの標準プロトコル MIME の枠組み内で暗号化機能を実現するプロトコルで，IETF によって標準化された。RSA 公開鍵暗号方式を使用している。S/MIME 対応のメーラを使用することで，メールの暗号化とディジタル署名が可能になる。

SMTP(Simple Mail Transfer Protocol)

インターネットで電子メールを送信するときに使われるプロトコル。

SQL インジェクション攻撃(SQL Injection Attack)

データベースと連携した Web アプリケーションの多くは，利用者からの入力情報をもとにデータベースへの命令文を組み立てている。この命令文の組み立て方法に問題があると，攻撃によってデータベースの不正利用をまねく可能性がある。この問題を悪用した攻撃手法を一般に「SQL インジェクション」と呼ぶ。SQL は，リレーショナルデータベース(RDB)において，データベースの操作やデータの定義を行うための問い合わせ言語。

SSL(Secure Socket Layer)**/TLS**(Transport Layer Security)

インターネット上で情報を暗号化して送受信するプロトコル。個人情報やクレジットカード番号などを安全に送受信できる。インターネットバンキングなどで利用されている。

TCP/IP(Transmission Control Protocol/Internet Protocol)

ネットワーク上でデータを送信するために使われる基本的なプロトコル。インターネットで標準的に使用されている。

WannaCry

ランサムウェアの一種。マイクロソフト社の SMB と呼ばれるプロトコルの脆弱性を悪用して自己増殖する。

WEP(Wired Equivalent Privacy)

無線 LAN の暗号化方式の一つ。WEP キー(40bit または 104bit)と呼ばれる共通の暗号鍵を無線 LAN カードとアクセスポイントに事前に設定しておき，暗号化通信を行う。複数の重大かつ深刻な脆弱性が報告されているため，使用すべきではない。

Wiki

複数人で編集することができるホームページ。Web サーバに Wiki 用のプログラムをインストールすると，Web ブラウザから Web ページの発行・編集などが簡単に行える。複数人が共同で構築・運営する方式を想定しており，閲覧者が簡単にページを修正・編集できる。Ward Cunningham 氏が「WikiWikiWeb」という Web サイトで使っていたプログラムが原

型となっており，現在では多くの Wiki 用フリーソフトウェアが提供されている。Wiki で作られ，公開されているフリーの百科事典に「Wikipedia」がある。

Winny
　インターネットを利用してファイルを交換する P2P 型のファイル交換ソフトウェアの一つ。

WPA（Wi-Fi Protected Access）
　WPA は，無線 LAN の業界団体 Wi-Fi Alliance によって発表された無線 LAN の暗号化方式の規格。WEP より暗号化鍵の鍵長を長くする，ユーザの認証方式を強化する，など WEP の弱点が補われ，セキュリティが向上している。WPA3 は，WPA や WPA2 をさらに強化したもの。セキュリティ強度の高い WPA3 または WPA2 を使用することが望ましい。

【あ〜お】

アカウント（account）
　コンピュータやネットワーク上の資源を利用できる権利のこと。

アクセス制御（access control）
　情報の機密性，完全性，可用性に応じて，誰がその情報にアクセスしてよいのかを決めること。また，アクセスした場合に，何を許可するのかも決めておく必要がある（権限管理）。

インシデント（incident）
　情報セキュリティ分野において，情報セキュリティリスクが発現・現実化した事象のこと。

インシデント対応（incident response）
　インシデントの発生に際し，それを検知して機能回復を行い，関係組織と連絡を取って再発を防止する一連の組織的活動のこと。

ウイルス（virus）
　他のファイルやプログラムに寄生し，不正な行為を行うプログラム。「コンピュータウイルス対策基準」（平成 12 年 経済産業省告示）によると，「第三者のプログラムやデータベースに対して意図的に何らかの被害を及ぼすように作られたプログラムであり，自己伝染機能，潜伏機能，発病機能の各機能を一つ以上有するもの」と定義されている。最近では，ウイルス，スパイウェア，ボットなどの不正プログラムを総称して「マルウェア」と呼んでいる。

ウイルス対策ソフトウェア（anti-virus software）
　ウイルスを検査，駆除するソフトウェア。

ウイルス定義ファイル（virus definition file）　→　パターンファイル（p. 137）

裏サイト（shady site）
　不正な目的で作成された Web サイトや掲示板のこと。たとえば，犯罪の共犯者を募る掲示板や，学校の正式サイトではない学校裏サイト（在校生や卒業生が利用する目的で作成されたサイト）などがある。いずれも，犯罪の温床やいじめの温床になる可能性があり，問題視されている。

【か〜こ】

改ざん（defacement）
　データや設定を書き換える不正行為。たとえば，Web ページの改ざん，システム設定の書き換えなど。

可用性（availability）
　許可された者が，必要な時に情報や情報資産にアクセスできることを確実にすること。情報セキュリティの基本概念の一つ。

完全性(integrity)

　情報や情報の処理方法が，正確で完全であるようにすること。情報セキュリティの基本概念の一つ。

キーロガー(key logger)

　キーボードから入力された情報を記録するプログラム。

危殆化(compromise)

　一般的に compromise の訳語として危殆化(きたいか)が当てられている。compromise という英語は，システムセキュリティ分野においては侵入を受けた状態を示す際などに用いられ，暗号分野においては鍵の漏えいなどにより機密性を失った場合を指して「鍵の危殆化」と呼ぶ。また，暗号の安全性が危ぶまれる事態のことを「暗号の危殆化」と呼ぶ。

機密性(confidentiality)

　許可されたものだけが情報にアクセスできるようにすること。情報セキュリティの基本概念の一つ。

クラッカー(cracker)

　一般に攻撃者(attacker)や侵入者(intruder)など，悪意のあるユーザを表現するのに使われる。

グローバルアドレス(global address)，**グローバル IP アドレス**(global IP address)

　インターネットに接続された機器に割り当てられた IP アドレス。インターネット上の住所にあたり，インターネット上で通信を行うためには必ず必要になる。

クロスサイトスクリプティング(cross site scripting)

　Web サイトで実行されるスクリプトを用いた攻撃。罠を仕掛けたサイトでユーザが不用意にリンクをクリックすると，別のサイトに強制的に飛ばされ，用意されたスクリプトが実行され被害に遭う。被害としては，Cookie が読み取られ，ユーザの個人情報が漏えいするなどがある。

公開鍵証明書

　証明書の項目を参照のこと。

コンテンツ(contents)

　Web ページとして提供されるテキストや画像などの内容。

【さ〜そ】

サーバ(server)

　メールやホームページに使われる WWW(World Wide Web)などのサービスを提供するコンピュータ。これに対し，サービスを利用するコンピュータをクライアントと呼ぶ。

サービス妨害攻撃　→　DoS 攻撃(p. 130)

辞書攻撃(dictionary attack)

　パスワードの割り出しや暗号の解読に使われる攻撃手法の一つで，辞書にある単語を片端から入力して試すという手法。

修正プログラム(bugfix, patch)

　ソフトウェアの不具合やセキュリティ上の問題点(脆弱性)を除去するプログラムで，一般に「パッチ」または「バグフィックス」と呼ばれる。脆弱性を除去するものは，セキュリティパッチと呼ばれることもある。ベンダは，脆弱性の発見に対応して修正プログラムを提供する。ユーザは，これらのファイルをコンピュータシステムにインストールする必要がある。

情報資産(information asset)

　情報セキュリティ上の脅威から守るべき資産。個人や組織には，さまざまな情報資産が蓄えられていて，ハードウェア，ソフトウェア，ネットワーク，データ，ノウハウなどさまざまな形態をとる。IT の普及に伴い，情報資産の価値は高まっている。

情報システム(Information system)

　情報処理に必要なハードウェアとソフトウェアのセット。

証明書(certificate)

　公開鍵と対応する主体との関係を認証局の署名によって証明するデータ。たとえば，A さんと A さんの公開鍵の関係を証明し，その公開鍵が確かに A さんのものであることを示すデータ。証明書は，電子メールメッセージや Web ページなど，署名された特定のものを検証することにも使用される。公開鍵証明書，電子証明書(digital certificate)，ディジタル証明書などともいう。

侵入検知システム(IDS：Intrusion Detection System)

　システムに対する侵入や侵害を検出・通知するシステム。システムを監視し，セキュリティポリシーを侵害するような行為を検出した場合，その行為を可能な限り早く管理者に伝えるとともに，調査・分析作業を支援するために必要な情報を保存・提供することを目的とする。ネットワークベース IDS と，ホストベース IDS に分類されることがある。

スクリプト(script)

　機械語へと変換する作業を省略して実行できるようにした簡易プログラム(通常のプログラムは，コンピュータが理解できる機械語へ変換してから実行される)。スクリプト言語には，JavaScript や VBScript などがある。

スニファ(sniffer)

　コンピュータネットワーク上のパケットをモニターするソフトウェアまたは機器。ネットワークの盗聴などに悪用されることがある。

スパイウェア(spyware)

　マルウェアの一種で，利用者や管理者の意図に反してインストールされ，利用者の個人情報やアクセス履歴などの情報を収集する不正プログラム。

スマートカード(smart card)

　CPU やメモリ，セキュリティ回路といった IC チップを組み込んだプラスチックカード。日本では「IC カード」とも呼ばれる。

脆弱性(vulnerability)

　ソフトウェアやシステムなどに潜むセキュリティ上の弱点。広義にはサイト構成やシステム的なセキュリティ上の弱点などをシステム的な脆弱性といい，また管理面や人の行動としての問題は人為的な脆弱性という。

セキュリティホール(security hole)

　ソフトウェアやシステムなどに潜むセキュリティ上の弱点。

セキュリティポリシー(security policy)

　企業や組織として一貫したセキュリティ対策を行うために，技術的対策だけではなく，利用・運用面，管理面，組織体制をも含めたセキュリティ方針と対策の基準を示したもの。通常は，基本方針，対策基準，実施手順の三層で構成される。

ソーシャルエンジニアリング(social engineering)

ネットワーク技術やコンピュータ技術を用いずに，人間心理や社会の盲点を突いて，機密情報(パスワードなど)を入手する方法。たとえば，ことば巧みにパスワードを聞き出す，廃棄物から重要情報を読み取る，社員になりすまして盗み見や盗み聞きをすることなど。

【た～と】

ディジタル署名(digital signature)

本人の秘密鍵を使用して，メッセージやファイルに付加する電子的なデータのこと。電子署名とも呼ばれる。公開鍵暗号技術を応用したものであり，メッセージやファイルの完全性と非否認性を確保する。いわゆる手書きの署名や，メールの最後に付加するフッターとは異なる。

デフォルト設定(default setting)

出荷時またはインストール後の初期状態の設定のこと。特に指定しないときは，この設定値が適用される。

電子掲示板(BBS：Bulletin Board System)

インターネットや携帯電話で利用されている電子掲示板システム。多数の人々が意見を交換・共有できる有益なサービスであるが，匿名での書き込みを許可すると，中傷や不正な書き込みに使用されることがある。

盗聴(eavesdropping/wiretapping)

ネットワークを流れるデータやコンピュータに保存されているデータを不正に入手する不正行為。たとえば，スパイウェアに感染すると，パスワードが盗まれたり，個人データ(メール，日記など)を盗み見られることがある。また，企業の機密データの漏えいの原因にもなる。

トリプル DES(triple DES)

米国標準暗号であった DES を三重(暗号化→復号→暗号化)に適用した暗号方式。鍵長が168bit(56bit×3)の 3key トリプル DES 方式と，鍵長 112bit(56bit×2)の 2key トリプル DES方式がある。

トロイの木馬(trojan horse)

便利なソフトウェアに見せかけて，ユーザに被害を与える不正なプログラム。

【な～の】

なりすまし(spoofing)

別の個人を装い，本人のふりをしてさまざまな不正行為を行うこと。たとえば，ID やパスワードを盗み出し，正当なユーザに見せかけて侵入したり，他人のクレジットカード情報を不正使用してショッピングを行うなど。

認証(authentication)

認証もしくは本人認証は，ユーザが本人であることを証明する過程である。認証のプロセスは，典型的には，本人であることの証拠として，ユーザ ID とパスワード(またはパスフレーズ)の入力を要求する。近年，ユーザの持ち物(例：スマートカード)や，ユーザの身体的特徴や行動的特徴に基づく認証機構も普及している。

認証局(CA: Certification Authority)

認証機関とも呼ばれ，公開鍵と対応する主体との関係を保証する電子的な証明書を発行する機関。

パーソナルファイアウォール（personal firewall）
エンドユーザが使用するパーソナルコンピュータ上で，インターネットからの不正アクセスやワームによる攻撃を防ぐために導入するソフトウェア。この機能が実装されているウイルス対策ソフトウェアもある。

バイオメトリック認証（biometric aunthentication）
身体的，あるいは行動的な特徴を用いてユーザを認証すること。身体的特徴には，指紋，顔，虹彩などが，行動的な特徴には，筆跡，声紋などが該当する。認証時に採取した生体情報（身体的特徴あるいは行動的特徴）を登録済みの生体情報と照合することによって本人を認証する。バイオメトリクスまたは生体認証と呼ばれることもある。

バグ（bug）
コンピュータのプログラムに含まれる不具合や誤りのこと。

バグフィクス（bug fix）
バグを修正する（取り除く）こと。

パケット（packet）
コンピュータ間の通信において，送信先のアドレスなどの制御情報が付加されたデータの小さなまとまりのこと。データを小さなまとまり（パケット）に分割して送受信する通信方式をパケット通信と呼ぶ。

パスワードクラッキング（password cracking）
本人認証のためにパスワードを利用しているシステムにおいて，本人の知識によらずにパスワードを得るための分析行為。パスワードクラックということもある。

パスワードリスト攻撃
攻撃者が何らかの方法で入手したIDとパスワードのリストに基づき，他者になりすまし不正なログインを試みる攻撃。

パターンファイル（pattern file）
個々のウイルスの特徴を記録したファイル。ウイルス対策ソフトウェアは，パターンファイルに記録された情報と検査するファイルとを見比べて，ウイルスかどうかを判断する。新種ウイルスが出現した場合は，セキュリティベンダから新しいパターンファイルが提供されるので，ユーザはパターンファイルを更新することで，新種のウイルスに対応することができる。ウイルス定義ファイルと呼ぶこともある。

ハッカー（hacker）
コンピュータに関する高い技術を持った人のこと。もともと「ハッカー」に悪い意味はなく，コンピュータ技術に精通している人の尊称であった。技術を悪用し，ネットワークや他人のコンピュータに侵入し，データを盗んだり，システムを破壊したりする者のことを「クラッカー」と呼ぶ。今日では，「クラッカー」の意味で「ハッカー」が使われることも多い。

バックアップ（backup）
一定時点におけるシステムファイルやデータファイルを別の記憶装置にコピーすること，あるいはコピーされたもの。

バックドア（backdoor）
コンピュータシステムへの侵入者が侵入後，そのシステムに再侵入するために準備する仕掛け。

ハッシュ関数(hush function)

　与えられた原文より短い固定長のデータに変換する演算手法。生成した値は「ハッシュ値」と呼ばれる。演算手法は，「要約(縮約)関数」，ハッシュ値は，「メッセージダイジェスト」とも呼ばれる。通信回線を通じてデータを送受信する際，経路の両端でデータのハッシュ値を求めて両者を比較すれば，データが通信途中で改ざんされていないか調べることができる。ハッシュ値から原文を再現することはできず，また同じハッシュ値を持つ異なるデータを作成することは極めて困難である。通信の暗号化の補助やユーザ認証，ディジタル署名などに使われている。

パッチ，セキュリティパッチ(patch，security patch)　→　「修正プログラム」(p.134)

バッファオーバーフロー(buffer overflow)

　プログラムがサイズ未チェックなどの原因により，用意したバッファ(データを一時的に蓄えておく領域)を超え，他の領域が書き換わってしまう異常のことをいう。バッファオーバーフローの脆弱性を持ったプログラムを攻略すると，当該プログラムが動作していた権限で任意のプログラムを動かすことができてしまう。

標的型攻撃(targeted attack)

　主に電子メールを用いて特定の組織や個人を狙う攻撃。攻撃対象の組織や個人に合わせてメールの内容がカスタマイズされているので，怪しいメールとの区別がしにくい。また，不特定多数を攻撃対象としていないため，攻撃サンプルの入手が難しく，ウイルス対策ソフトウェアへの反映が困難になる。

ファイアウォール(firewall)

　外部のインターネットと内部のネットワークの境界部分に設置するシステム。一般に，外部のインターネットから内部のネットワークが攻撃されるのを防護するために利用される。

フィッシング(phishing)

　巧妙な文面のメールなどを用い，実在する企業(金融機関，信販会社，ネットオークション等)のWebサイトを装った偽のサイトにユーザを誘導し，機密情報(クレジットカード番号，ID，パスワードなど)を盗み取る不正行為。

復号

　正規の鍵を使用して，暗号化された文をもとの平文に戻すこと。類似のことばに「解読」があるが，これは正規の鍵を使用せずに，別の方法で暗号を解くこと，あるいは鍵を推定することを意味する。

不正アクセス(unauthorized access)

　通常，「不正侵入」とほぼ同義に用いられる。「コンピュータ不正アクセス対策基準」では，不正アクセスは，システムを利用する者が，その者に与えられた権限によって許された行為以外の行為をネットワークを介して意図的に行うことをいう。

踏み台(stepping-stone attack)

　不正アクセスを行う際の中継地点として他人のコンピュータを使用する不正行為。たとえば，ボットに感染すると，DoS攻撃やDDoS攻撃に利用されたり，スパムメールの発信に利用されることがある。ゾンビ(zombie)と呼ばれる，踏み台に利用されたコンピュータは，所有者が気付かないうちに，攻撃に加担していることになる。

プライベートアドレス(private address)，**プライベートIPアドレス**(private IP address)

　組織内のネットワークに接続された機器(パソコンやプリンタ)に割り当てられたIPアド

レス。組織内で自由に割り当てることができるが，そのままではインターネットを通じて通信を行うことはできない。プライベートアドレスしか持たない機器がインターネットで通信を行うには，グローバルアドレスを割り当てられた機器に中継してもらう必要がある。

ブルートフォース攻撃(brute force attack)

ネットワークセキュリティ分野では，ブルートフォース攻撃はパスワードの解析方法の一つで，暗号化されたパスワードファイルに対しオフラインで行う総当り攻撃を意味する。なお，暗号技術分野では，ブルートフォース攻撃は，暗号解読のために鍵を全数探索する攻撃法を意味する。

プレビュー(preview)

メールを開かずに，その内容の一部をメールソフト内のウインドウで表示すること。

ブログ(blog)

ウェブ・ログ(web log)の略で，「ウェブ上での記録」のような意味がある。日々更新される日記的な Web サイトの総称で，無料でブログの公開ができるサービスが多くある。個人の日記や時事ニュース，専門的トピックスを掲載して，他の利用者の意見を受け付けたり議論をしたりする基本機能に加えて，投稿記事の転載，訪問者履歴の記録などの双方向コミュニケーションができる機能もあり，単なる日記サイトとは区別される。

書き込みに対して批判や非難が集中する，いわゆる「ブログ炎上」という現象が起こり，問題となっている。

プロトコル(protocol)

通信規約。ネットワーク上でデータを流すための約束事をまとめたもの。

プロパティ(property)

Windows では，ファイルの情報などを詳しく表示する機能。ファイルを右クリックして「プロパティ」を選択することで表示できる。ただし，プロパティに作成者やカテゴリなどの情報を記載すると，プロパティを見られることにより，本来は知られたくない情報が漏えいすることがある。

プロフ

自分のプロフィール(自己紹介)を記載したページを作成できるサービス。主に，携帯電話で若年層によって利用されている。

ポートスキャン(port scan)

攻撃・侵入の前段階として，標的のコンピュータの各ポートにおけるサービスの状態を調査すること。

ボット(bot)

マルウェアの一種で，コンピュータに感染し，感染したコンピュータをネットワークを通じて外部から操ることを目的とした不正プログラム。ボットに感染したコンピュータは，外部から命じられた指示に従って不正な行為を実行する。

[ま〜も]

マクロ(macro)

MS-Word や MS-Excel などで，処理を自動化するために記述されたプログラムのこと。

マクロ感染型ウイルス(macro virus)

マクロプログラムで書かれたウイルスで，MS-Word の文書ファイルや MS-Excel の表計算ファイルのマクロ機能を悪用して感染する。このウイルスに感染したファイルを開くだけ

で，そのパソコンがウイルスに感染するため，文書ファイル，表計算ファイルのやりとりには注意が必要。文書ファイル，表計算ファイルを開く前には，ウイルス対策ソフトで検査したり，MS-Word，MS-Excel のセキュリティ機能を高めてマクロの無効化を行うなどの手段をとることが必要である。

マルウェア(malware)

コンピュータウイルス，スパイウェア，ボットなどの不正プログラムの総称。これらの不正プログラムは，使用者や管理者の意図に反してコンピュータに入り込み，悪意のある行為を行うことから，このように呼ばれる。マルウェア(malware)は "Malicious Software"(悪意のソフトウェア)を短縮した造語。

水飲み場型攻撃(watering hole attack)

攻撃対象とするユーザが通常アクセスする Web サイトにウイルスを仕掛け，Web サイトにアクセスしただけでウイルスに感染させる攻撃。

迷惑メール(UBE：Unsolicited Bulk Email)

商用目的かどうかによらず，宣伝や嫌がらせなどの目的で不特定多数に大量に送信されるメールのこと。一般に，spam(スパム)とも呼ばれる。

メーラ(mailer)

電子メールの作成，送信，受信などを行うソフトウェア。MUA(Mail User Agent)ともいう。Outlook(アウトルック)，Thunderbird(サンダーバード)などがある。

【や～よ】

誘導型攻撃

サーバやパソコンを直接攻撃せず，利用者(ターゲット)を攻撃者の仕掛けた罠に誘導する攻撃。たとえば，罠を仕掛けた Web ページの URL を記載したメールを送信し，その URL に利用者をアクセスさせることで，ウイルスを送り込もうとするケースがある。対策としては，安易にリンクをクリックしないこと，脆弱性を解消しておくことが重要。

【ら～ろ，わ～】

ランサムウェア(ransomeware)

マルウェアの一種で，パスワードでシステムをロックしたり，ファイルやフォルダを暗号化するなどしてコンピュータを利用できない状態(人質)にして，もとの状態に戻すことと引き換えに金銭(身代金)を要求する不正プログラム。

リスク(risk)

現実に情報や情報システムのセキュリティを脅かす可能性がある状況のこと。

リバースブルートフォース攻撃

特定のパスワードと，ID に使用されうる文字列の組み合わせを用いて総当たり的に不正なログインを試みる攻撃。ユーザ数に比べてパスワードの組み合わせが少ない場合に用いられる。

レジストリ(registry)

Windows 系 OS で，システムやアプリケーションソフトウェアなどの各種動作に関する設定情報を記録したファイル。Windows に付属しているレジストリエディタという専用のソフトウェアで編集できる。ただし，むやみに設定内容を変えるとシステムが動かなくなる可能性があるため，初心者は，レジストリの変更は避けた方がよい。

ログ（log）

　コンピュータの利用状況やデータの通信記録。操作を行った者の ID や操作日時，操作内容などが記録される。

ワーム（worm）

　通常のウイルスは感染対象のプログラムを必要とするが，ワームは，感染対象となるプログラムがなく，自分自身の複製をコピーして増殖する。ネットワーク内を這い回る虫のように見えることから，この名称が付けられた。

ワンクリック請求（billing fraud）

　罠のサイト（出会い系サイト，アダルトサイト，投資関連サイトなど）を用意してユーザが訪れるのを待ち，単にリンクをクリックしただけなのに，「会員登録が完了しました」などという表示を出し，入会金や利用料などの名目でユーザに料金の支払いを求める行為。信頼できないサイトに興味本位でアクセスしないことが基本的な対策である。

ワンタイムパスワード（OTP：One Time Password）

　1 回しか使用できないパスワードによる認証方式。パスワードは再利用できないので，パスワードを盗聴されたとしてもそれを悪用されることはない，という利点を持つ。使い捨てのパスワードを生成する生成器（トークンと呼ばれる）と認証を行う認証サーバから構成される。ワンタイムパスワードの生成には，乱数，時刻，カウンタ値などが利用される。

索 引〔ゴシック体の項目は巻末用語集に記載されています。〕

索引 **143**

著　　作：独立行政法人情報処理推進機構(IPA)

編集責任：小川　隆一

執　　筆：大塚　龍彦　加賀谷　伸一郎　亀田　恭史　神田　雅透
　　　　　熊谷　悠平　小林　桂　小松　文子　小山　明美
　　　　　笹岡　賢二郎　塩田　英二　鹿野　一人　菅原　尚志
　　　　　鈴木　慧　竹内　智子　田中　里実　田村　智和
　　　　　花村　憲一　松坂　志　與那嶺　崇

協　　力：板橋　博之　渡辺　貴仁

表紙・扉・本文デザイン：難波邦夫
図版・イラスト：ディー・クラフト・セイコウ

情報セキュリティ読本　六訂版
—IT時代の危機管理入門—

NDC　007

2004年10月16日　初版第1刷発行
2006年11月30日　改訂版第1刷発行
2009年 8 月24日　三訂版第1刷発行
2013年 1 月12日　四訂版第1刷発行
2018年10月20日　五訂版第1刷発行
2022年10月20日　六訂版第1刷発行
2023年12月20日　六訂版第3刷発行

　　　　　　　　独立行政法人
編　著　者　情報処理推進機構(IPA)

発　行　者　小　田　良　次

印刷・製本　大日本法令印刷株式会社

発　行　所　実教出版株式会社

〒102-8377　東京都千代田区五番町5番地

電話〈営　　業〉(03) 3238-7765
　　〈企画開発〉(03) 3238-7751
　　〈総　　務〉(03) 3238-7700
https://www.jikkyo.co.jp

ISBN 978-4-407-36117-9　C3004